〈그리스도인이면 꼭 알아야 할 성경 지식〉

어떻게 성경을 가르칠 것인가?

진리의 말씀을 올바로 나누어

서울솔로몬학교 성경연수원

차 례

이 책에 인용된 성경 구절은 〈한글킹제임스성경〉입니다.

제1과
하나님의 말씀을 올바로 나누어야 하는 이유

『네가 진리의 말씀을 올바로 나누어 자신이 하나님 앞에 부끄럽지 않은 일꾼으로 인정받도록 공부하라』(딤후 2:15).

어떻게 성경을 가르칠 것인가?

> 성경을 가르칠 때는 "어려운 현학적인 용어" 대신 "쉬운 일상 용어"를 사용하라. 또한 분명하고 큰 목소리로 권위 있게 말하라. 자신의 손에 지구상에서 가장 높은 권위가 들려 있다는 사실을 염두에 두고, 그 권위의 소유자를 대신해서 성경을 가르치고 있다는 사실을 잊지 말라. 성경의 권위는 절대적이므로, 성경에 반대되는 그 어떤 것에 대해서도 타협하거나 성경적인 소신을 굽히지 말라(피터 S. 럭크만).

1. 성경을 온전히 믿고 지혜를 구해야 한다.

1) 성경을 "있는 그대로" 믿어야 한다(요 5:47; 8:47, 살전 2:13).

➡ **<u>성경을 있는 그대로 믿을 수 있는 이유</u>**

(1) 모든 성경이 하나님의 영감으로 기록되었기 때문이다(딤후 3:17).

(2) 기록된 성경이 하나님의 섭리 가운데 보존되어 왔기 때문이다(시 12:6,7).

> 만일 "성경에 기록된 것이 기록된 그대로 옳다."라고 믿지 않으면, 성경이 말씀하는 바를 있는 그대로 받아들일 수 없다. 그렇게 되면 "성경은 온전하고 유일한 진리"라고 확신할 수도 없다. 성경이 자신의 믿음과 실행의 최종권위(절대권위)

가 되지 못하면 성경을 온전히 깨달을 수 없게 된다. 성경을 믿지 못하면 성경을 신뢰할 수 없고, 공부할 수도 가르칠 수도 없는 법이다. 따라서 성경을 가르치기에 앞서서 가장 우선시되는 일은 성경을 믿는 일이다.

2) "지혜"를 구해야 한다(고전 2:9,10).

➠ **성경을 가르치고자 할 때 결코 자신의 지혜나 명철을 의지해서는 안 된다.**

성경을 기록하신 분은 하나님이시기에 우리가 성경을 잘 가르치기 위해서는 지혜를 구해야 한다. 성령 하나님께서 친히 교사가 되어 주시고, 또한 지혜와 명철을 주시라고 기도해야 한다. 우리는 하나님께서 사용하시는 도구일 뿐이라는 사실을 명심해야 한다. 겉으로 모순처럼 보이거나 잘 이해가 되지 않는 구절들이 나타나더라도, 항상 하나님의 지혜와 명철을 구하는 습관을 길러야 한다. 하나님은 참되시나 사람은 모두 거짓말쟁이이기 때문에(롬 3:4), 인간의 지혜로 그런 부분들을 억지로 해결하려 하거나 성경을 가르치려 하게 되면 반드시 낭패를 보게 된다.

2. 성경이 어떤 책인지 가르쳐 주어야 한다.

1) 성경은 성령님께서 초자연적인 방법으로 기록하신 책[1]이다(딤후 3:16,

---

1) "성경"(Scripture)을 영어로 "Bible"이라고도 하는데, 이 단어는 라틴어 "비블로스"(biblos)에서 나왔고, "책"(book)이라는 뜻의 헬라어 "비블리아"(biblia)에서 유래했다. 그래서 성경은 한 권의 완

벧후 1:21).

2) 성경은 약 1,600년의 기간에, 세 대륙에 걸쳐서, 약 42명의 저자에 의해 기록되었다.

3) 구약은 히브리어로, 신약은 헬라어로 기록되었다.

➠ 구약에서 "에스라" 일부(4:8-6:18)와 "다니엘" 일부(2:4-8:1)는 "아람어"(고대 시리아어)로 기록되었다.

4) 성경은 "온전한 책"이다.

(1) 성경은 "**거룩하신 하나님**"께서 "**거룩한 사람들**"을 통해 기록하신 "**거룩한 책**"이다(벧후 1:20,21, cf. 요 17:17).

(2) 현존하는 책 중에서 "**가장 오래된 책**"이다.

(3) "**놀라운 책**"이다.

❶ 놀라운 구성력과 통일성을 나타낸다. 약 1,600년에 걸쳐 세 대륙에서 약 42명의 서로 다른 저자들이 기록했음에도 불구하고 서로 모순되거나 분리되어 있지 않고, 한 가지 통일된 주제 안에서 놀라운 조화를 이루고 있다.

❷ 연륜과 보존성이 뛰어나다(시 12:7, 마 24:35).

❸ 판매량과 관심도가 상당히 높다. 다양한 계층의 사람들이 관심을 가질 만큼 세계 최고의 "베스트셀러"이지만, 그만큼 사람들

전한 "책"으로서 "책 중의 책"(The Book of books)이다. 크리소스톰(A.D. 349-407)은 성경을 "책"이라고 부른 첫 번째 사람이며, 월터 스콧 경은 "오직 한 권의 책이 있을 뿐이다."라고 말했다. 구약 39권, 신약 27권, 전체 66권으로 이루어진 성경은 크게 "구약"(Old Testament)과 "신약"(New Testament)으로 나뉘는데, 구약과 신약이라는 단어를 사용하여 "신구약 성경"을 처음으로 구분한 것은 〈구라틴성경〉(A.D. 120)이었고, 이는 히브리서 9장에 기록된 "언약"(testament)에 근거하고 있다.

KJBC

킹제임스성경신학교는 피터 럭크만 박사가 미국 플로리다주 펜사콜라시에 설립한 Pensacola Bible Institute (PBI)에 기반을 두고 있습니다. 미국 Pensacola Bible Institute는 1965년 9월 개강한 이래로 지금까지 미국 내 정통 신학 교육의 요람으로서, 미국 내 유수한 근본주의 침례교 신학교들을 압도하고 성경대로 믿는 그리스도인들의 산실이 되고 있습니다. 자유주의와 현대주의를 배격하는 가운데 정통 교리의 수준 높은 신학 교육은 물론이요, 능력 있는 설교자 양성을 위한 강도 높은 훈련으로도 단연 으뜸입니다. 이처럼 본 신학교도 1991년에 세워진 이래로 이 땅에 바른 성경적 지식을 정착하고 신실한 하나님의 일꾼을 양성하는 데 총력을 기울여 오고 있습니다.

기존 신학교는 하나님의 말씀보다는 교단 신학과 학문으로서의 신학에 중점을 두어 가르치고 있습니다. 또한 편협한 교단 교리에 하나님의 말씀을 억지로 끼워 맞춰 가르치고 있기 때문에 이제는 하나님의 말씀에 근거한 신학을 제대로 가르치는 곳이 절대적으로 필요합니다. 이런 절실한 필요에 의해 본 신학교는 모든 교과 과정을 교단 신학이 아닌 하나님의 말씀으로 채움으로써 하나님의 말씀에 대한 올바른 지식을 터득할 수 있도록 구성하고 있습니다. 이렇게 구성된 모든 교과 과정은 성경 각 책에 대한 깊이 있는 수업과 설교의 실전 연습, 제반 목회 생활에 관한 실제적인 수업들로 이루어져 있으며, 무엇보다도 균형 있고 올바른 성경적 지식으로 무장할 수 있는 많은 수업들이 제공되고 있습니다.

킹제임스성경신학교는 설교자와 목회자, 성경 교사, 선교사를 양성하기 위한 곳으로, 3년의 모든 과정을 착실히 이수한 모든 학생들이 각자 하나님의 부르심에 따라 언제 어디서나 전담 사역자로서 사역할 수 있도록 양육받을 수 있는 국내 유일의 온·오프라인 정통 신학교입니다.

입학요강

	신학사(B.D.)	킹제임스성경신학원 신학석사(Th.M.)
수업연한	3년 (6학기)	2년 (4학기)
자 격	• 거듭난 그리스도인으로서 하나님께 쓰임받기 원하는 사람 • 고등학교 졸업자 및 졸업 예정자 또는 동등 이상의 학력이 인정되는 자(연령 제한 없음)	• 본교를 졸업한 신학사 학위 소지자로서 진리의 지식으로 효과적인 사역을 이루려는 분
선 발	서류전형(입학원서, 구원간증, 자기 소개서), 면접(서류 전형 합격자에게 개별 통보)	
학사일정	오프라인 봄 학기 매년 3월초 가을 학기 9월초 개강(총 16주) 월,화,목,금(오후 6:30 – 9:20) 온 라 인 수시접수 가능(한 학기 총 16주 / 100% 동영상 강의)	한 학기당 16주 과정 (화요일 오후 6:30 – 9:20)
원서교부	킹제임스성경신학교 교무처 / 인터넷 접수	

킹제임스성경신학교학장
10122 경기도 김포시 고촌읍 장곡로 39
전화 (02) 2665-3303, 팩스 (02) 2665-3302

이 잘 읽지 않는 책이기도 하다. 또한 시련과 비방을 숱하게 받아 온 책이다.

❹ 놀라운 진실성과 권위를 갖고 있다. 이것은 "예언의 정확한 성취"에서 잘 드러난다. 하나님의 말씀인 성경이 무오하고 그분의 권위가 절대적이라는 사실은 예언을 통해 확증된다.

(4) "사후의 생에 대해 가장 정확한 근거를 제시하는 책"이다.

(5) "하나님을 온전히 계시해 주는 책"이다.

(6) 말씀은 "하나님"이시다(요 1:1,2, 히 4:12,13).

현명하게 되려거든 성경을 읽고, 안전하게 되려거든 성경을 믿으라. 거룩하게 되려거든 성경을 실행하라. 성경은 우리를 인도해 주는 빛이요, 지탱시켜 주는 음식이며, 격려해 주는 위로자이다. 성경은 여행자의 지도이며, 순례자의 지팡이이고, 조종사의 나침반이요, 군인의 칼이며, 그리스도인의 헌장이다.

3. 성경을 "문자적으로 해석"하고 "세 가지로(역사적, 영적, 교리적) 적용"해야 한다.

➠ 이것에 관한 자세한 내용은 「제2과 성경의 문자적인 해석과 세 가지 적용」(pp.28-33)을 참고하시오.

4. 성경에서 경고하는 세 가지 대적을 주의해야 한다.

1) 거짓되이 일컬어지는 "과학"의 반론을 피해야 한다. 『**오 디모데야, 네게 맡겨진 것을 지키고, 비속하고 허황된 말장난과 거짓되이 일컬어지는**

과학의 반론을 피하라』(딤전 6:20).

2) 세상의 유치한 원리를 따르는 "**철학**"에 노략질당하지 말아야 한다. 『**아무도 너희를 철학과 헛된 속임수로 노략질하지 못하도록 주의하라. 그것들은 사람의 전통과 세상의 유치한 원리를 따른 것이며 그리스도를 따른 것이 아니니라**』(골 2:8).

3) 인간적인 "**전통**"으로 하나님의 말씀을 폐기해서는 안 된다(막 7:6-13).

5. 성경을 가르치는 다양한 방법들

1) 성경을 "주제별"로 가르칠 수 있다.

(1) 성경의 전체적인 주제는 "왕국"(하나님의 통치)이다(사 9:6,7).

(2) 성경에서 발견할 수 있는 또 하나의 큰 주제는 "구속"이다(히 9,10장).

(3) "삼위일체 하나님"에 관한 주제로 가르칠 수 있다.

(4) "사탄"과 "영적 전쟁"을 주제로 가르칠 수 있다. 성경에서 "하나님" 다음으로 잘 알아야 하는 존재가 바로 "사탄"(마귀)이다.

(5) "예수 그리스도의 재림"을 주제로 하여 가르칠 수 있다. 성경의 전체 주제인 왕국과 예수 그리스도의 재림은 밀접한 관련이 있다. 하나님께서 계획하신 왕국과 성경의 모든 예언은 재림으로 완성되기 때문이다.

(6) "그 밖의 다양한 주제들" : 구원과 구원의 영원한 보장, 예수 그리스도의 피, 하늘나라와 지옥, 일곱 체계(일곱 침례, 일곱 부활, 일곱 신비, 일곱 심판 등), 휴거와 재림, 영적 전쟁, 기도, 성별, 그리스도인의 고난, 시험, 타락, 경배, 은사 등

2) 성경을 "책별"로 가르칠 수 있다.

(1) 성경 66권의 각 책들과 각 장들을 읽어 나가면서 각각의 "구절들"을 중심으로 가르칠 수 있다.

❶ 각 구절의 의미를 문맥에 주의해서 가르치되, 그 구절의 역사적, 교리적, 영적 의미에 대해 가르치고, 관련 구절들을 찾아서 보여 주어야 한다.

> 성경을 가르칠 때는 항상 문맥을 주목해야 한다. "문맥에서 벗어난 본문은 핑계에 불과하다"(A text without a context is a pretext). 성경 구절을 문맥과 관계없이 떼어 내어 해석하면 엉망이 된다. 문맥을 버리면 진리를 버리게 되는 것이다.

❷ 성경 본문을 "있는 그대로" 가르치되 "성경이 무엇이라고 말씀하시는지"(롬 4:3)에 대해 주목해야 한다. 결코 성경 본문에 첨가하거나(덧붙이거나) 성경 본문을 삭제하거나 다른 것으로 대체해서는 안 된다. 또한 인간적인 생각으로 "이것은 이런 뜻이고, 저것은 저런 뜻이야."라는 식으로 가르쳐서는 안 된다.

(2) 처음 책별로 가르치기 시작할 때는 교회 시대의 교리를 담고 있는 "바울 서신"(로마서에서 빌레몬서까지)부터 가르치는 것이 좋다.

➠ 바울 서신을 가르치고 난 후에는 신약의 다른 책들도 가르치되, "요한계시록"을 먼저 가르치고, 사복음서 그리고 일반서신으로 확장해 나가면서 가르치면 된다. 그리고 구약의 책들을 가르치되 "역사서들"(여호수아부터 에스더까지)을 위주로 먼저 가르치는 것이 좋다.

3) 성경을 "인물별"로 가르칠 수 있다.

4) 성경에 등장하는 “예표”나 “모형과 원형”을 중심으로 가르칠 수 있다.

5) 유사(Association), 대조(Contrast), 반복(Repetition)을 활용하여 가르칠 수 있다.

6) 성경에 나오는 특정 “단어”나 “용어”를 중심으로 가르칠 수 있다.

6. 그 외 추가적인 지침들

1) 성경을 계속 공부하고 연구함으로써 성경적 지식을 향상시켜야 한다.

2) 항상 메모하는 습관을 가져야 한다.

3) 중요한 성경 구절들을 암송해야 한다.

4) 성경을 가르치는 데 필요한 자료라면 어떤 것이든 참고하는 것이 좋다.

➡ 어떤 자료나 주석서든지 성경을 높이는 자료와 주석서를 신뢰하라. 그렇지 않으면 그런 내용을 담고 있는 자료는 말 그대로 참고만 하되, 그 내용 자체는 쓰레기통에 집어넣어야 한다.

5) 팔레스타인과 중동 및 지중해 지역의 커다란 지도를 구비해야 한다.

6) 연대기 순으로 사건들이 나열된 도표를 만들어 놓는 것이 좋다.

7) 책을 많이 읽어야 한다.

8) 신학교에서 체계적으로 공부해야 한다.

모순이 아니지만 "모순처럼" 보이는 구절들

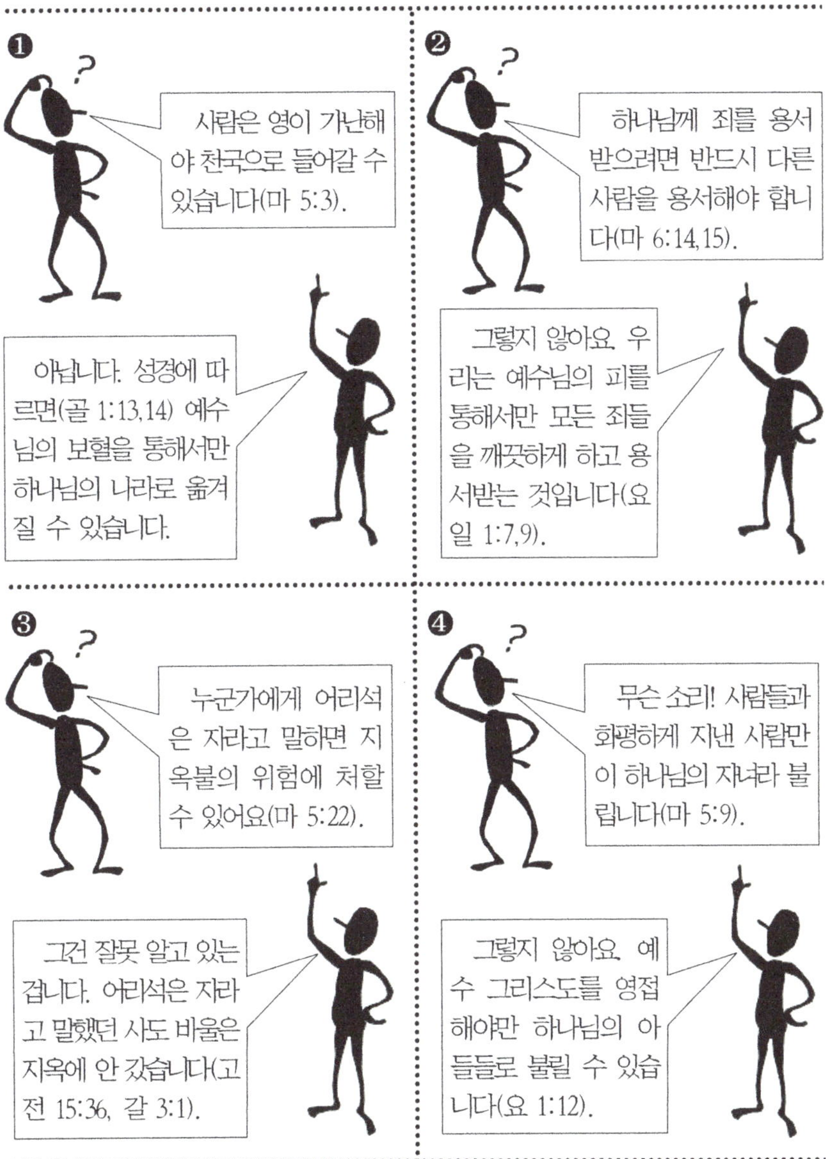

❺
글쎄요. 성경은 분명히 끝까지 견뎌야 구원받을 수 있다고 하던데요(마 24:13).
아니라니까요. 성경에 따르면(고전 1:8) 우리를 끝까지 지켜 주시는 분은 예수 그리스도이십니다!
❻
이상하네요. 영생을 얻으려면 계명들을 지켜야 한다고 하던데요(마 19:16,17).
뭔가 대단한 착각을 하고 계신 것 같군요. 영생을 얻기 위해서는 오직 예수님만 믿으면 됩니다(요 3:16).
❼
성경에는 어린아이와 같이 되지 않으면 천국에 들어갈 수 없다고 했어요(마 18:3).
그렇지 않습니다. 성경은 분명 거듭나야 하나님의 나라에 들어갈 수 있다고 말씀합니다(요 3:5).
❽
함부로 성령 하나님을 거슬러 말하면 결코 용서받지 못하는 죄를 짓는 겁니다(마 12:32).
그렇지 않아요. 예수 그리스도의 피로 깨끗하게 되지 못하는 죄는 없습니다(요일 1:7,9).

『**선생님들이여, 내가 구원을 받으려면 어떻게 해야 하나이까?**』(행 16:30) 자, 여기에 어떤 사람이 "내가 오늘 구원받고 싶은데 어떻게 하면 좋겠습니까?"라고 묻고 있다. 여러분은 무엇이라고 대답하겠는가? 정상적인 그리스도인이라면 사도 바울처럼 『**주 예수 그리스도를 믿으라. 그리하면 너와 네 집안이 구원을 받으리라.**』(행 16:31)라고 대답할 것이다. 그렇다면 『**선한 선생님, 내가 영생을 얻으려면 어떤 선한 일을 해야 하리이까?**』(마 19:16)라는 질문에 대해서는 어떻게 답변하겠는가? 이 사람에게도 주 예수 그리스도를 믿으라고 할 것인가? 그렇지 않다! 이 질문에 대해 예수님께서는 『**그러나 네가 생명으로 들어가기를 원한다면 계명들을 지키라.**』(마 19:17)라고 말씀하셨다. 그렇다고 오늘날 구원받지 못한 사람들에게 예수님처럼 "영생을 얻으려면 계명을 지키십시오."라고 하겠는가? 물론 그렇게 말할 수는 없다. 그렇다면 왜 예수님께서는 이렇게 말씀하신 것인가? 당시는 구약 시대였기 때문이다!

■ 새롭게 깨달았거나 적용할 내용이 있다면 적어 보세요. ■

하나님의 말씀을 올바로 나누어야 하는 이유

1. 성경에는 상호 조화를 이루지 못하는 말씀들이 있기 때문이다.

『주 예수 그리스도를 믿으라. 그리하면 너와 네 집안이 구원을 받으리라』(행 16:31).

VS.

『그러나 네가 생명으로 들어가기를 원한다면 계명들을 지키라』(마 19:17).

1) 시대가 서로 다르기 때문에 구원받는 방법이 서로 다를 수밖에 없다. 즉 예수 그리스도께서 피의 속죄를 이루시기 이전에는 "계명(율법)을 지킴으로써" 영생을 얻어야 했고, 십자가 사건 이후로는 "그리스도의 보혈을 믿음으로써" 구원을 받게 된다.

『그러므로 우리가 믿음으로 의롭게 되었으니』(롬 5:1). 『너희가 믿음으로 말미암아 은혜로 구원을 받았으니 이것은 너희에게서 난 것이 아니요, 하나님의 선물이라. 행위에서 난 것이 아니니 아무도 자랑하지 못하게 하려 하심이라』(엡 2:8,9).

VS.

『사람이 행함으로써 의롭게 되는 것이요, 믿음으로만 되는 것이 아니니라』(약 2:24). 『오 허황된 사람아, 행함이 없는 믿음은 죽은 것인 줄 네가 알고자 하느냐?... 영이 없는 몸이 죽은 것같이 행함이 없는 믿음도 죽은 것이니라』(약 2:20,26).

2) 야고보서는 흩어져 있는 "이스라엘의 열두 지파"(약 1:1)에게 쓴 서신으로서, 교리적으로는 교회 시대의 그리스도인들이 아닌 "환란 시대의 유대인들"에게 적용된다. 이들은 믿음만으로는 구원받지 못하고, 그 믿음에 더하여 하나님의 계명을 지키는 율법의 행위가 있어야 구원받을 수 있다. 『여기에 성도들의 인내가 있으며 여기에 하나님의 계명들과 예수

의 믿음을 지키는 자들이 있느니라』(계 14:12). 즉 교회 시대에는 믿음으로만 구원을 받지만, 환란 시대에는 "믿음"과 이 믿음을 끝까지 인내로 지키는 "행위"가 뒤따라야 하는 것이다.

『산토끼는... 불결하며 돼지는 굽이 갈라져서 쪽발이지만 되새김질을 못하므로 너희에게 불결하니라. 너희는 그것들의 고기를 먹지 말고, 그 사체도 만지지 말라. 그것들은 너희에게 불결하니라』(레 11:6-8).

VS.

『혼인을 금하고 음식을 삼가라고 명하리니, 이 음식은 하나님께서 진리를 믿고 아는 사람들이 감사함으로 받도록 지으신 것이라... 감사함으로 받으면 아무것도 버릴 것이 없으니』(딤전 4:3,4).

3) 적용되는 시대와 대상이 서로 다르기 때문에 서로 다른 명령이 주어지고 있다.

2. 하나님께서는 나누시는 분이기 때문이다.

1) 성경 전체에서 하나님께서는 "**분리의 하나님**"이시지 "통합의 하나님"이 아니시다.[2)]

(1) "민족들"을 나누시고(신 32:8), "인종들"을 분리하신다(느 13:25-28).

(2) "짐승들"을 구분하신다(신 22:10).

(3) "음식들"을 분리하시고(레 11:1-47), "옷들"까지도 남녀 구분을 두신다(신 22:5).

(4) 하나님께서는 "잡종"이나 "혼합"을 싫어하신다(레 19:19).

---

2) 주 하나님께서는 남편과 아내를 한 몸으로 결합하시고(창 2:24), 성도들을 한 몸이 되게 하시며(엡 2,3장), 성도들끼리 서로 연합하도록 하시지만(고전 1:10), 기본적인 성품으로는 "나누시는" 분이지, "합치시는" 경우는 드물다.

2) 하나님께서 "나누어 놓으신 것"을 합하려고 해서는 안 된다.

❶ 재창조 때	빛과 어두움, 물들과 물들, 땅과 바다, 광명들, 생물들, 남자와 여자를 나누심
❷ 에덴 동산	모든 나무와 선과 악의 지식의 나무를 나누심
❸ 노아 시대	방주에 탄 노아의 가족과 동물들을 세상으로부터 분리하심
❹ 바벨탑 때	앗수르가 님롯으로부터 분리함(창 10:8-11)
❺ 족장 시대	아브라함을 칼데아 우르로부터 분리해 내심
❻ 율법 시대	이스라엘 민족을 이집트 및 이방 민족들로부터 분리하심
❼ 교회 시대	거듭난 성도들을 세상으로부터 분리하심(휴거 때는 완전히 분리됨)
❽ 천년 왕국	재림 때 곡식과 독보리, 좋은 물고기와 나쁜 물고기를 나누심

3) 성경이 친히 "나누어서" 말씀하고 있기 때문이다.

(1) 매 본문마다 칸막이로 구분되어 있는 것처럼 시대와 대상을 나누고 있다.[3)]

(2) 성경의 기록자께서 친히 나누어 놓으신 원칙들을 무시하고 성경을 공부하면, 성경의 많은 구절이 모순처럼 보이게 된다.

(3) 성경을 올바로 나누어 공부하라는 것은, 이미 성경이 친히 나누어 놓은 원칙들을 있는 그대로 발견하고 수용하고 믿으면서 그에 따라

3) 한번은 어떤 집회에서 A.J. 고든 목사가 "시대에 따른 계획"이란 설교를 마쳤을 때, 어떤 청년이 마차로 다가와서 이렇게 물었다. "왜 목사님은 매 본문마다 칸막이를 쳐서 구분하십니까?"

공부를 하라는 것이다.

(4) 성경을 여러 시대들로 나누어 보면 성경 전체가 조화롭게 보인다.

4) 하나님께서 친히 제시하신 방법이기 때문이다(딤후 2:15).

「네가 진리의 말씀을 올바로 나누어 자신이 하나님 앞에 부끄럽지 않은 일꾼으로 인정받도록 공부하라」(딤후 2:15).

(1) 공부해야 할 "**대상**" : 진리의 말씀(성경)

(2) 공부해야 하는 "**목적**" : 하나님 앞에 부끄럽지 않은 일꾼으로 인정받기 위해서

(3) 공부하는 "**방법**" : 올바로 나누어(rightly dividing)

성경을 해석하는 방법의 첫 번째 원리는 "문자적인 해석"이고, 성경을 공부하는 방법의 첫 번째 원리는 "올바로 나누는 것"이다.

■ 새롭게 깨달았거나 적용할 내용이 있다면 적어 보세요. ■

무엇을 나누어야 하는가?

1. "시대"를 나누어야 한다.

1) 성경은 친히 시대들을 나누고 있다.

(1) 기본적으로 "구약"과 "신약"을 구분하고 있다(요 1:17, 고후 3:6,14, 히 9:15).

➡ 옛 언약(Old Testament) vs. 새 언약(New Testament)

(2) "초림"과 "재림"을 구분하고 있다.

❶ "고난"(십자가)과 "다가올 영광"(면류관, 벧전 1:10-12, cf. 엡 3:1-6)

❷ 세 번의 나타나심에 따른 구분(히 9:24-28, cf. 딛 2:11-13)

❸ 지금도 계시고(대제사장), 전에도 계셨고(선지자), 앞으로 오실(왕) 예수 그리스도(계 1:4,8; 4:8; 11:17; 16:15)

(3) "천국"(Kingdom of Heaven)과 관련하여 세 개의 시대로 구분한다(마 11:11-13).

❶ 천국이 예언되는 시대(침례인 요한으로 마쳐지는 시대, 13절)

❷ 천국이 폭력으로 탈취되는 시대(과도기적인 시대, 12절)

❸ 천국이 드러나는 시대(천년왕국, 11절)

2) "**하나님의 경륜**"에 따라 "**일곱 개의 시대**"로 구분한다.

➠ "경륜"(Dispensation, 엡 1:9,10; 3:1,2, 골 1:25, 고전 9:17)은 "시대 및 대상에 따라 하나님께서 세상을 경영하시고 인간을 다루시는 방법"을 의미한다.

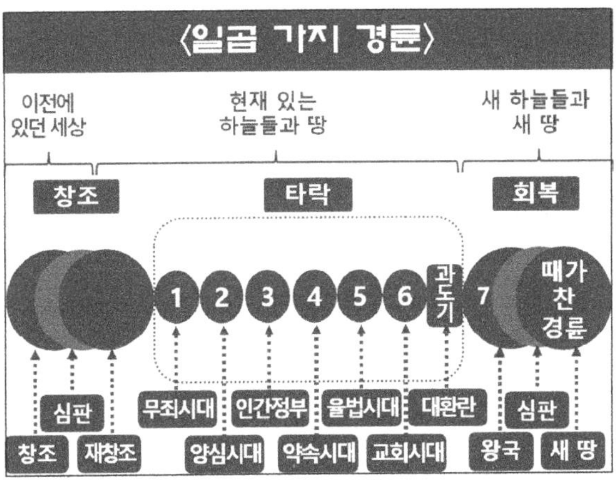

일곱 가지 경륜

1. 무죄 시대
2. 양심 시대
3. 인간 정부 시대
4. 약속 시대
5. 율법 시대
6. 교회 시대
7. 왕국 시대

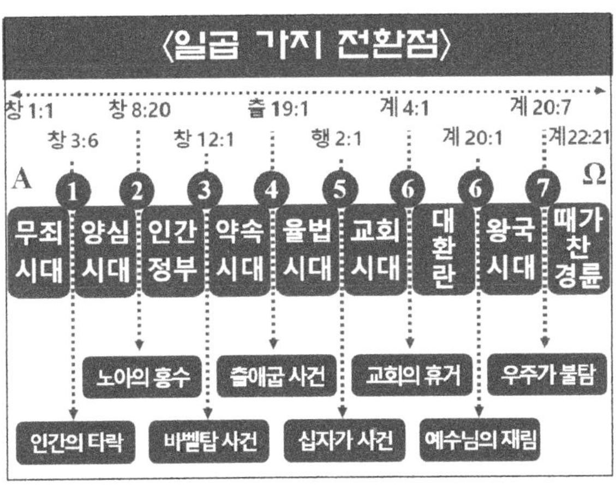

일곱 가지 전환점

1. 인간의 타락
2. 노아의 홍수
3. 바벨탑 사건
4. 출애굽 사건
5. 십자가 사건
6. 휴거와 재림
7. 우주가 불탐

3) 각 시대마다 구원받는 방법이 다르고, 믿고 실행해야 하는 교리들이 다르기 때문에 시대를 나누는 것은 매우 중요하다.

4) 시대를 나누지 않으면 성경의 교리가 엉망이 되고, 시대를 나누지 않으면 성경은 모순되는 구절들로 가득 차게 된다.

2. "대상"을 나누어야 한다.

1) 성경은 대상을 "유대인," "이방인," "교회," 세 가지로 구분하고 있다.

> 『유대인에게나 이방인에게나 하나님의 교회에게나 [neither to the Jews, nor to the Gentiles, nor to the church of God] 아무도 거치는 자가 되지 말라』(고전 10:32).

(1) "유대인"은 하나님으로부터 선택받은 민족이지만, 그들의 범죄로 인해 징계를 받고 약속의 땅에서 쫓겨났다가, 그 후에 회개하고 나서 다시 그들의 땅으로 돌아와 완전히 회복된다(롬 11장).

(2) "이방인"은 기본적으로 하나님의 백성인 유대인과 그들의 메시아를 지속적으로 대적하다가 멸망한다(시 2편, 단 2:44).

(3) "교회"는 예수 그리스도의 몸을 이루고, 이후 영광으로 들어간다.

2) 각 대상에 따라 믿고 실행해야 할 교리적인 내용이 달라지기 때문에 대상을 나누는 것은 매우 중요하다. 성경에서 어떤 구절이 누구를 위해 기록되었고, 누구를 향한 명령인지 구분할 수 있어야 하는 것이다.

(1) 유대인은 율법으로, 이방인은 양심으로 판단받는다(롬 2:12-15).

(2) 율법은 구약 시대의 유대인을 위한 규례로 주어졌고, 복음은 신약

시대의 **교회**를 위해 주어졌다.

(3) **교회 시대**에는 유대인이나 이방인이나 믿음으로 구원을 받고 구원을 잃어버리지 않지만, **환란 시대**에는 구원을 받기 위해 믿음과 더불어 행함이 필요하기에 구원을 잃어버릴 수 있다.

(4) 하나님께서는 대상에 따라 각 시대마다 사람을 다루시는 방법(경륜)을 바꾸시기 때문에, 구원하시는 방법 또한 달라진다.

소위 "구약의 모든 성도들은 신약의 십자가, 즉 오실 예수님을 앞으로 바라보고 믿음으로 구원받았으며, 신약의 성도들은 갈보리의 십자가, 즉 오신 예수님을 뒤로 바라봄으로써 구원받았다."라고 말하는 언약 신학자들의 주장은 완전히 틀렸다. 성경에는 그런 주장을 뒷받침해 줄 수 있는 구절이 전혀 나오지 않는다. 단지 구약에서는 신약적인 구원의 "유형"(예표)만 볼 수 있을 뿐이다. 하지만 그런 유형(예표)이 있다고 해서 그 유형으로 구원받을 수 있는 것은 아님을 유념해야 한다.

결론적으로 우리가 믿음 없이 사람의 교리나 사상을 바탕으로 성경을 읽으면, 성경을 억지로 풀게 되고, 또한 모순을 접할 때 당황하게 된다. 만일 우리가 성경을 올바로 나누어서 믿지 않는다면, '성경은 왜 이렇게 모순이 되는 구절이 많은가?' 하는 생각으로 혼란스럽게 되어 성경은 일종의 도덕 교과서가 주는 교훈 외에는 어떤 의미도 줄 수 없게 될 것이다. 그 결과 사사로이 해석함으로써 하나님의 뜻을 저버리고 사탄의 편에 서게 되는 경우가 종종 있는 것이다(〈열린 성경 닫힌 마음〉, pp.15,16).

제1과
복습문제

1. 성경 전체를 조화롭게 보려면 성경을 여러 시대들로 올바르게 나누어 봐야 한다. (O , X)

2. 성경을 올바르게 나누어 공부하는 것은 하나님께서 친히 제시하신 방법이다. (O , X)

3. 성경을 해석하는 방법의 첫 번째 원리는 ( ) 해석이고, 성경을 공부하는 방법의 첫 번째 원리는 올바로 ( ) 것이다.

4. 성경은 시대들을 나누고 있는데, 기본적으로 구약과 ( )을 구분하고 있고, ( )과 재림을 나누고 있다.

5. 성경은 그 대상을 다음과 같이 셋으로 구분하고 있다. 『( )에게나 ( )에게나 하나님의 ( )에게나 아무도 거치는 자가 되지 말라』(고전 10:32).

6. 『네가 진리의 ( )을 올바로 ( ) 자신이 하나님 앞에 부끄럽지 않은 일꾼으로 인정받도록 ( )하라』(딤후 2:15).

■ 복습 문제의 정답은 홈페이지(www.solomonbtc.org)에서 확인할 수 있습니다.

NOTES

NOTES

제2과
성경의 문자적인 해석과 세 가지 적용

『먼저 이것을 알지니, 성경의 어떤 예언도 사사로운 해석에서 나온 것이 아니니, 예언은 예전에 사람의 뜻에서 나온 것이 아니요 오직 하나님의 거룩한 사람들이 성령으로 감동을 받아 말한 것이니라』(벧후 1:20,21).

문자적인 해석의 중요성

"풍유적(알레고리적) 해석"이라는 성경 해석 방법이 있다. 이는 성경 본문의 문자적 의미 안에 또 다른 영적인, 신비적인 의미가 있는 것으로 해석하는 방법이다. 알렉산드리아의 필로를 필두로 하여 판테누스, 클레멘트, 오리겐, 유세비우스 등 초기 성경변개자들이 풍유적 해석 방법을 즐겨 사용했다. 특히 오리겐과 어거스틴에 의해 풍유적 해석이 성경 해석의 주류를 이루게 된다. 하지만 이 해석 방법에는 성경이 말하려는 바가 무시되고 해석자가 말하려는 것이 더 중요시된다는 문제가 있다. 종교개혁 시기에 이 문제를 알았던 개혁자들은 풍유적 해석을 배격하고 문자적 해석을 했으며, 하나의 본문에는 하나의 문자적 의미밖에 없음을 올바로 주장했다. 하지만 이들도 "역사적 문법적 해석"이라 해서 역사적 서술은 문자적으로 해석했지만, 미래에 관한 예언은 풍유적으로 해석하는 한계를 드러내고 말았다. 이러한 한계는 이들 종교 개혁자들의 후예임을 자처하는 한국 교계에도 그대로 전수되어, 한국 교계가 후(무)천년주의 누룩을 안은 채 종교적이고 의식적인 양상을 띠게 만들었다. 이들은 교계의 주류임을 자처하지만 부끄러움도 모른 채 영적인 무지를 드러내고 있다. 이 모든 것이 성경을 문자적으로 해석하지 않은 데서 야기된 결과다. 성경은 문자적으로 해석해야 한다. 오직 그것이 성경 해석을 위한 온전한 출발점이 되어야 한다.

성경의 문자적인 해석

1. 성경 해석의 의미

1) <u>성경 해석이란, 하나님의 영감으로 주어진 글자 하나하나의 성경 말씀들이 의미하는 바를 기록된 그대로 이해하는 것을 말한다</u>.

➡ 성경 해석의 일차적인 요건은 변개되지 않은 바른 하나님의 말씀과 그 말씀에 대한 절대적인 믿음이다.

2) <u>성경 해석은 오직 성령님만이 하실 수 있다</u>.

(1) 성령 하나님께서 "<u>성경의 저자</u>"이시기 때문에 그분의 해석을 따라야 한다(벧후 1:21, 요 14:26; 16:13, cf. 창 40:8, 단 2:27,28, 눅 24:45).

(2) 다른 종교 지도자나 학자 등 "<u>사람</u>"에게서 나온 해석을 믿어서는 안 된다.

➡ 따라서 인간 해석자의 해석에 절대적으로 의존하는 "<u>풍유적</u>" 성경 해석 방법은 비성경적인 해석 방법이다.

2. 문자적인 해석의 의미

1) <u>성경은 "문자적"으로 해석해야 한다</u>.

(1) 문자적으로 해석한다는 것은, 성경에 쓰여 있는 언어 그대로의 의미로 이해하라는 뜻이다(살전 2:13). 이것이 성경 해석의 "<u>대원칙</u>"이다.

(2) 문자적으로 해석해야 하는 이유는, 하나님께서는 우리가 이해할 수 있는 언어로 성경 말씀을 주셨기 때문이다.

2) **성경을 영적(비유적, 은유적, 풍유적)으로 해석하면 안 된다(겔 20:49).**

➡ 성경의 각 구절들을 영적으로 해석하면 사람마다 해석이 달라져서 성경 해석에 일관성이 사라지게 된다. 성경의 비유나 상징적인 언어도 문자적인 해석에 바탕을 두고 해석해야 한다.

다니엘서나 요한계시록 같은 책들은 상징적인 언어들로 기록되었다고 주장하는 목사들과 주석가 및 신학자들이 많이 있는데 그들의 주장은 틀렸다. 요한계시록만 보더라도 대부분은 문자적으로 해석될 수 있는 언어들이고, 상징적인 언어들은 그렇게 많지 않다. 특히 성경은 스스로 해석하고 있기 때문에, 그런 상징적인 언어들도 문자적인 해석의 원리에 따라 해석하면 쉽게 해결된다. 성경을 문자적으로 해석해야 한다는 원칙은 다른 어떤 책들보다도 예언으로 가득한 선지서들에서 더 분명하게 준수되어야 한다. 만일 예언이 상징이라면, 예수 그리스도께서는 상징적으로 재림하시게 된다. 만약 그렇다면 재림의 방법도 수백 가지가 넘게 될 것이다. 그러나 문자적인 해석을 따르게 되면 오직 한 가지 방법, 즉 예수님께서는 눈에 보이게 문자적으로 재림하신다고 믿게 된다.

3) **성경은 성경으로 해석해야 한다(고전 2:13). 왜냐하면 성경에 나오는 단어들은 대부분 성경에서 정의를 내리고 있기 때문이다.**

(1) "**일곱 촛대**"(계 1:13)와 "**일곱 별**"(계 1:16)에 대해서는 요한계시록 1:20에서 각각 "**일곱 교회**"와 "**일곱 교회의 천사**"라고 정의를 내리고 있다.

(2) 성경은 "**누룩**"(마 13:33)을 "**거짓 교리**"(마 16:6-12)와 "**악하고 가증한 죄**"(고전 5:6-13)라고 정의하고 있다.

성경 해석의 법칙들

1. 세 가지 적용의 법칙

1) <u>역사적인 적용</u>

➡ "<u>역사적인 사건</u>"에 적용하는 것을 의미한다.

2) <u>영적인 적용</u>

(1) "<u>영적인 교훈</u>"(영적 양식)으로 적용하는 것을 의미한다.

❶ 권면(고전 10:11)

❷ 위로와 교훈(롬 15:4)

❸ 책망, 바로잡음, 의로 훈육(딤후 3:16,17)

3) <u>교리적인 적용</u>

(1) 신학적인 체계를 올바르게 세워 주는 것과 더불어 직접 실행에 옮겨야 할 명령으로 적용하는 것을 의미한다.

(2) <u>"교리"는 성경이 기록된 첫 번째 목적이고(딤후 3:16), 성경의 각 주제들에 대한 객관적이고 사실적인 설명이다</u>. 각 시대의 대상들을 향한 구체적인 행동 규범이고, 그 교리적인 명령에 따라 문자적으로 어떻게 행동해야 할 것인가가 결정된다.

(3) 성경의 모든 구절들이 각기 교리적인 지침이 될 수 있지만, 어떤 구절들은 구약의 유대인에게 교리적 명령들이 되고, 어떤 구절들은 신약의 교회에게, 어떤 구절들은 환란 성도들에게 그리고 어떤 구절들은 왕국 시대에 지켜야 할 교리적 명령들이 된다.

(2) **<u>성경 전체를 교리적으로 적용할 수 있지만, 모두가 다 은혜의 시대를 살아가는 교회가 규례로 지켜야 할 명령이 되는 것은 아니다.</u>**

성경 교사는 교리적인 적용과 영적인 적용을 적절하게 활용할 수 있어야 한다. 하지만 항상 교리적인 적용을 우선해야 한다. 올바른 교리가 정립되지 않으면 혼란만 가중되기 때문이다. 영적으로 적용할 때도 건전한 교리에 상충되면 안 되고, 항상 다른 구절들로 보완되어야 한다.

2. 성경의 문자적 해석과 세 가지 적용의 예

1) 하나냐와 미사엘과 아사랴는 느부캇넷살 왕의 형상에 경배하기를 거부한 대가로 불타는 뜨거운 용광로에 들어갔지만, 불이 그들의 몸에 전혀 힘을 쓰지 못했고 불탄 냄새조차 없었다(단 3:27).

(1) "**<u>교리적 적용</u>**" - 대환란 기간에 보호를 받는 유대인 환란 성도들을 예표한다.

(2) "**<u>영적 적용</u>**" - 불같은 시련 속에서도(벧전 4:12) 보호를 받는 그리스도인들을 예표한다.

➡ 불이 세 친구의 머리카락 하나도 그슬리지 못했고 불탄 냄새조차 없었듯이, 때때로 시련과 고난이 성도들을 아프게 할지라도 그들의 믿음을 조금도 손상시키지 못한다. 주님을 신뢰하는 성도들은 시련을 마친 후에라도 그가 가지고 있던 믿음이 조금도 손상 받지 않은 채로 보존되어 있어야 한다. 성도들은 고난 가운데서도 얼마든지 승리를 얻을 수 있는데, 고난 후에 고난으로 단련 받은 믿음의 정도에 따라 진정한 승패가 가려지기도 하는 것이다.

2) 다니엘이 보았던 작은 뿔 환상(단 8:9-14)

(1) "**교리적 적용**" - 다니엘이 보았던 작은 뿔은 미래에 나타날 적그리스도에 적용된다.

(2) "**역사적 적용**" - 알렉산더 사후 네 장군에 의해 나누어진 네 나라(그리스, 소아시아, 이집트, 시리아) 중 시리아를 차지한 셀레우쿠스 왕국의 안티오쿠스 에피파네스에게 적용된다.

(3) "**영적 적용**" - 제아무리 막강한 권력과 군사력을 가진 제국이라 할지라도 그 흥망성쇠가 주 하나님께 달려 있으며, 세계 역사가 하나님께서 관장하시는 가운데 일사불란하게 진행된다는 사실을 교훈으로 얻을 수 있다.

3) 요한계시록 1-3장에 나오는 일곱 교회

(1) "**교리적 적용**" - 환란 시대의 교회, 즉 환란 성도들에게 적용된다. 그리스도인의 행위는 상급이나 유업과 관련이 있지만, 환란 성도들의 행위는 구원과 관련이 있다. 환란 시대의 행위는 이기는 자, 곧 구원받는 자가 되기 위한 조건이다.

(2) "**역사적 적용**" - 요한이 팟모 섬에 유배된 시기인 A.D. 90년경 소아시아 지역의 일곱 교회에 적용된다.

(3) "**영적 적용**" - 각 구절들은 지역 교회에 적용할 수 있으며, 그리스도의 초림부터 재림에 이르는 "교회 시대의 역사"에도 적용된다.

■ 새롭게 깨달았거나 적용할 내용이 있다면 적어 보세요. ■

3. 여러 가지 성경 해석의 법칙들

1) **첫 언급의 법칙** ➠ 성경에서 어떤 단어가 처음 나왔을 때 그 단어가 지니는 의미나 어조 및 관련 사항들이 성경 전체에서 그 단어가 쓰이는 기본적인 의미를 결정한다.

2) **적용의 법칙** ➠ 어떤 다른 의미보다도 교리적 의미를 먼저 확정하고 적용해야 한다(딤후 3:16).

3) **점진적 계시의 법칙** ➠ 어떤 교리가 지니는 진리는 성경의 역사가 진행되고 더 많은 계시가 주어짐에 따라 점진적으로 더 선명하게 된다. 성경의 계시는 점진적으로 향상되어 왔기에 "**향상된 계시**"는 성경적 표현이다.

4) **나중에 추가되는 세부사항의 법칙** ➠ 성경 뒷부분에서 앞부분의 내용을 추가하고 보충해 주기도 한다. 그렇기 때문에 명확한 본문을 명확하지 않은 본문으로 해석하면 안 된다. 또한 부분적인 본문으로 완전한 본문을 해석해서도 안 된다. 부분적이거나 명확하지 않은 본문은 항상 완전하고 명확한 본문으로 해석해야 한다.

5) **완전한 진술의 법칙** ➠ 성경은 "**전통**"이나 "**교회**"가 없어도 우리의 영적 삶에 지침이 되며 중요한 모든 것을 다루는 하나님의 완전한 계시다.

6) **문맥의 법칙** ➠ 성경을 해석하는 데 있어서 전후 구절들을 살펴보며 "**누가 말하고 있는가**"와 "**누구에게 말하고 있는가**" 그리고 "**어느 시대에 주어졌는가**"를 고려해야 한다.

7) **부정적 구별의 법칙** ➠ 성경의 메시지는 대부분 부정적이다.

8) **조화의 법칙** ➠ 성경에는 모순은 아니지만 "모순"되어 보이는 구절들이 있다. 그러나 이것은 성경을 믿지 않는 자들의 무지에서 비롯된 것으로, 특정 본문이 누구에게 주어진 것이며 무엇이 변화를 야기했는지를 찾아내면 모순처럼 보이는 구절도 서로 조화를 이룰 수 있다.

9) **반복의 법칙** ➠ 성경에서 중요하거나 강조해야 하는 내용은 성령께서 반복적으로 기록하셨다.

10) **예표의 법칙** ➠ 어떤 일이 일어난 시점에서 미래에 있을 어떤 것을 묘사하는 인물이나 장소 또는 사물이 있다.

11) **이중 적용의 법칙** ➠ 성경의 많은 예언들은 1차적인 적용 및 2차적인 적용을 할 수 있다.

12) **간격의 법칙** ➠ 성경은 아무런 언급 없이 시간 간격을 뛰어넘기도 한다.

13) **강조의 법칙** ➠ 성경에서 강조하는 것 이상으로 지나치게 강조해서는 안 되며, 또한 그 이하로 강조해서도 안 된다.

풍유적인 해석 방법으로 성경을 해석하면, 서로 다른 해석이 나와 어느 것이 진리인지 분별하지 못하게 하고 혼란만 일으킨다. 하지만 하나님께서는 혼란의 창시자가 아니시다(고전 14:33). 화

평의 창시자이시고 질서의 하나님이시다. 풍유적인 성경 해석 방법은 지극히 개인적인 주관을 가지고 성경을 해석하는 사사로운 해석 방법이다(벧후 1:20).

성경을 문자적으로 해석하는 가운데 교리적으로, 역사적으로, 영적으로 올바로 적용해야 『**네가 진리의 말씀을 올바로 나누어 자신이 하나님 앞에 부끄럽지 않은 일꾼으로 인정받도록 공부하라.**』라는 디모데후서 2:15의 말씀을 실천할 수 있게 된다. 한마디로 말해 세대주의적인 방법으로 말씀을 올바로 나누어 공부할 때 유대인과 교회와 이방인을 올바로 구별할 수 있고, 성경을 왕국의 관점에서 볼 수 있으며, 전천년주의적 관점을 가지고 하나님의 말씀을 올바로 해석하고 적용할 수 있게 되는 것이다. 그렇게 올바르게 나누어 공부할 때 성경의 저자이신 성령님께서 말씀을 해석해 주시고 깨우쳐 주시고 알려 주신다. 성경 교사는 자신이 먼저 이러한 방법으로 공부해서 말씀을 온전히 깨달아야 하며, 더 나아가서는 말씀을 배우려는 학생들에게 동일한 방법으로 가르쳐야 한다.

■ 새롭게 깨달았거나 적용할 내용이 있다면 적어 보세요. ■

제2과 복습문제

1. 성경 해석은 오직 성령님만이 하실 수 있다. (O , X)

2. 성경은 "문자적"로 해석해야 하는데 여기서 문자적으로 해석한다는 것은, 성경에 쓰여 있는 언어 그대로의 의미로 이해하라는 뜻이다(살전 2:13). (O , X)

3. 성경은 영적(비유적, 은유적, 풍유적)으로 해석하여 문자 이면의 깊은 뜻을 이해해야 한다. (O , X)

4, 성경은 (   )으로 해석해야 한다.

5. 성경은 세 가지로 적용이 가능한데, 곧 (   ) 적용과 (   ) 적용과 (   ) 적용으로 할 수 있다.

6. 『네가 진리의 말씀을 올바로 (   ) 자신이 하나님 앞에 부끄럽지 않은 일꾼으로 인정받도록 공부하라』(딤후 2:15)

■ 복습 문제의 정답은 홈페이지(www.solomonbtc.org)에서 확인할 수 있습니다.

NOTES

제3과
성경에 등장하는 일곱 체계

『뿐만 아니라 우리가 그 때를 아노니 지금은 바로 잠에서 깨어나야 할 시간이로다. 이는 지금이 우리가 믿었던 때보다 우리의 구원이 더 가까워졌음이라. 밤이 많이 지났고 낮이 가까웠느니라. 그러므로 어두움의 행위를 벗어 버리고 빛의 갑옷을 입자』(롬 13:11,12).

성경은 하나님의 말씀이다

성경은 인간의 저작이 아니라 영원히 살아 계시고 전능하신 하나님의 말씀이기 때문에(히 4:12, 벧전 1:23), 절대 진리이고(요 17:17), 모든 문제를 판단하는 최종권위(Final Authority)이다. 따라서 성경은 인간의 이성과 논리로 이해하는 책이 아니라 오직 믿는 사람에게 효과적으로 역사하는 하나님의 말씀이다(살전 2:13).

"성경은 하나님에 관해서 사람들이 쓴 책이다."라고 주장하는 자유주의(Liberalism)나, "성경은 하나님의 말씀을 포함하고 있다." 또는 "성경의 일부분은 하나님의 말씀이 된다."라고 가르치는 신정통주의(Neo-Orthodoxy)는 말로만 성경의 권위를 믿는다고 할 뿐 하나님 앞에서는 전혀 무가치한 사상과 신념을 견지하고 있다. 성경은 글자 하나 하나가 하나님의 영감을 받아 기록되었기에(딤후 3:16) 역사적, 과학적 사실뿐만 아니라 초자연적인 기록에 있어서도 절대 오류가 없다.

성경은 우리가 생각하는 것보다 훨씬 더 본질적이고 중요하다. 성경은 인간의 생존에 필요한 모든 것 그 자체다. 성경은 빵(마 4:4, 눅 4:4), 꿀(시 119:103), 사과(잠 25:11), 젖(벧전 2:2), 고기(단단한 음식, 히 5:14) 등 인간의 생존을 위한 식량일 뿐만 아니라, 칼(엡 6:17, 히 4:12), 망치(렘 23:29), 못(전 12:11)과 같은 필수 도구이며, 불, 물, 빛(렘 23:29, 엡 5:26, 시 119:105)처럼 없어서는 안 될 중요한 요소다.

일곱 체계(Seven Sevens)

"**일곱 체계**"라는 어휘에서 오는 낯선 느낌 때문인지, 사람들은 좀처럼 이에 관해 알려고 하지 않는다. 하지만 이 내용을 공부하고 나면 하나님께서 온 우주를 일곱으로 운영하시는 기본 원리를 배울 수 있다. 특히 일곱 체계의 정점은 예수 그리스도의 재림과 그 재림의 시기에 대해 알려 준다.

> 우리가 성경을 통해 하나님의 역사하심을 발견할 때 한 가지 깨닫는 원칙이 있는데, 그것은 바로 하나님께서는 "일곱"으로 일하신다는 사실이다. 일곱째 날, 일곱째 달, 일곱째 해, 일곱째 천 년 등의 경륜적인 법칙도 있거니와, 또한 같은 주제라 할지라도 일곱 가지의 서로 다른 관점 속에서 다양하게 진행되는 그분의 진리를 알게 되면, 성경을 공부하는 학생들은 어느덧 성경의 핵심을 깨닫게 된다. 그래서 성경 수비학(數秘學, Numerology)에서는 일곱을 "하나님의 수"로 정의하고 있다.

1. 일곱 날(日)들

➡ "6일은 일하고 7일째는 쉰다."

1) 하나님께서는 여섯 번의 저녁과 아침 동안에 하늘들과 땅을 완성하시고 일곱째 날에 쉬셨다(창 2:1-3).

2) 율법하에서 유대인들은 일곱째 날에 안식일을 지켰다.

(1) **일곱째 날, 곧 "안식일"은 "하나님과 이스라엘 사이에 표적"이었다**

(출 31:13, 겔 20:12,20).

(2) 안식일은 "**도덕적 명령**"이 아니라 "**의식적 명령**"(출 34:18,21,22)과 표적(출 31:17)이었다.

(3) 그리스도인들은 일곱째 날이 아닌 첫째 날을 지킨다.

❶ 주 예수 그리스도께서는 "**주의 첫날**"에 죽은 자들로부터 부활하셨다(마 28:1).

❷ 성령 하나님께서는 유대인들의 안식일이 아니라 "**주의 첫날**"에 오셨다(행 2:1,2, 레 23:16 비교).

❸ 그리스도인들은 "**주의 첫날**"에 함께 모였고 빵을 뗐다(행 20:7). "**주의 첫날**"에 말씀을 전파했고(바울, 행 20:7) 헌금을 거두었다(고전 16:1,2).

(4) 안식교인들이 안식일을 지키는 것은 완전히 비성경적이다. 그들이 "유대인들"인가?

2. 일곱 주(週)들

1) 수확의 첫열매들의 단을 제사장에게 가져오는 날인 "**초실절**"(初實節, the feast of firstfruits)은 무교절 기간 내에 있는 『**안식일 후 다음 날**』이며(레 23:11,15), 이날은 예수 그리스도께서 부활하신 그 주의 첫날인 "**주일**"이다. 또한 "**초실절**"로부터 세어서 일곱 안식일이 지난 다음 날, 즉 『**일곱째 안식일 이튿날**』은 오십 일이 되는 날로서 "**오순절**"이다(레 23:15,16).

2) 오순절에는 하나님께 "**새로운 음식제사**"를 드렸는데(레 23:16), "**새로운**"이라고 말한 이유는 첫 번째로 수확한 곡식을 드렸기 때문이다. 그래서 민수기 28:26에서는 오순절을 "**첫열매들의 날**"(the day of firstfruits)로

부른다. 이렇듯 하나님께서는 7일을 기준으로 일하시며 동시에 7주를 기준으로 일하신다.

3. 일곱 달(月)들

➡ 레위기 23:22-44을 통해 볼 수 있듯이, 일곱째 달에는 "세 개의 명절"(나팔절, 속죄일, 장막절)이 들어 있다.

1) 나팔절은 일곱째 달의 첫째 날이다(레 23:24,25). 이 명절은 예수 그리스도의 재림 전에 이스라엘을 모으시는 일과 관련이 있다(마 24:31).

2) 속죄일은 일곱째 달 십 일이다(레 23:27). 대환란 때 있을 이스라엘의 회개 및 구원과 관련이 있다(렘 30:7, 슥 13:1; 12:10-14, 렘 31:34b)

3) 장막절은 일곱째 달 십오 일이다(레 23:34). 예수 그리스도의 재림, 천년왕국, 이스라엘의 안식과 관련이 있다. 주 예수 그리스도의 영광스런 재림의 모습을 보여 주는 변형산 사건(마 17장)은 장막절이 재림과 연관된 사실을 보여 준다.

4. 일곱 해(年)들

1) 6년이 지나고 나면 7년째는 땅의 안식을 위한 안식년이다. 6년간 농사를 짓고 일곱째 해에는 경작하지 못하게 하셨다("안식년" 출 21:1-5, 레 25:1-10). 하지만 인간이 하나님께서 정해 놓으신 원칙을 어기자, 땅은 지력(地力)이 고갈되었고, 인간은 농작물 생산량을 늘리기 위해 인위적

으로 비료를 주고 농약을 살포함으로써 온갖 병을 얻게 했다.

2) 일곱째 해에는 히브리 종을 값없이 내보내야 한다(신 15:1-15).

5. 칠 년씩 일곱 번

1) 7년씩 일곱 번을 지나고 나서 50번째 되는 해에 "**환희의 해**"를 선포하며 땅을 되돌려준다(레 25장).

2) 49년째 해의 일곱째 달 10일, 즉 그 해의 대속죄일에 환희의 나팔을 불고, 그 다음 해인 50번째 해에 자유를 공포한다(레 25:8-10).

3) 이 안식과 자유가 어찌나 컸던지 이 해의 이름은 "**환희의 해**"로 불린다. 이 해에는 채무자도 자유를 얻고, 종도 자유를 얻으며, 땅도 안식한다.

6. 일곱 천 년

1) 하나님의 "**주기**"는 1,2,3,4,5,6 그리고 안식(7)이다. 성경은 하루가 천 년 같고 천 년이 하루 같다고 말씀하기에, 우리가 지금 살고 있는 이 땅은 6천 년 동안 있게 되고, 그 후에 일곱 번째 천 년은 안식의 기간이 될 것이다(계 20장, "천년왕국").

『온 땅이 평안하고 조용하니 그들이 노래를 부르는도다』(사 14:7).

2) **재창조 주간에 최초의 생명이 넷째 날 이후에 창조되었듯이(창 1:20), 참 생명이신 예수 그리스도께서는 인류의 역사가 4천 년이 지났을 무렵에 이 땅에 오셨다**. 그리고 일곱째 날의 안식은 일곱 번째 천 년의 안식을 예표한다. 따라서 인류의 역사 7천 년은 구약 시대 4천 년과 신약 시대 2천 년과 천년왕국 천 년의 기간으로 나누어진다.

3) **사탄은 천년왕국 기간에 깊은 구렁에 갇혀 있게 된다**.

7. 이 땅, 곧 지구의 일곱 가지 상태

1) 첫 번째 지구 : 창세기 1:1
2) 두 번째 지구 : 창세기 1:2
3) 세 번째 지구 : 창세기 3,4,5장
4) 네 번째 지구 : 창세기 6,7장
5) 다섯 번째 지구 : 창세기 8,9,10,11장
6) 여섯 번째 지구 : 이사야 11장, 로마서 8:14-20
7) 일곱 번째 지구 : 베드로후서 3장, 요한계시록 20:11

➡ 일곱은 마지막이므로 여덟 번째 땅은 "**새로운**" 땅이 되어야만 한다(벧후 3장, 계 21:1-6).

■ 새롭게 깨달았거나 적용할 내용이 있다면 적어 보세요. ■

제3과
복습문제

1. 일곱 체계는 예수 그리스도의 ( )과 그 ( )의 시기에 대해 알려주고 있다.

2. 하나님께서는 ( )일 동안 하늘과 땅을 창조하시고 ( )째 날에 쉬셨다.

3. ( )은 하나님과 이스라엘 사이의 표적이다.

4. 초실절로부터 세어서 일곱 안식일이 지난 다음 날, 즉 『일곱째 안식일 이튿날』은 오십 일이 되는 날로서 ( )이다.

5. 레위기 23:22-44을 통해 볼 수 있듯이, ( ) 달에는 세 개의 명절(나팔절, 속죄일, 장막절)이 들어 있다.

6. 사탄은 천년왕국 기간에 깊은 구렁에 갇혀 있게 된다. (O , X)

■ 복습 문제의 정답은 홈페이지(www.solomonbtc.org)에서 확인할 수 있습니다.

NOTES

NOTES

제4과
구약과 신약의 차이점

『또한 그분은 우리로 새 언약의 능력 있는 일꾼이 되게 하셨는데 이는 법문으로 한 것이 아니고 영으로 한 것이니 법문은 죽이고 영은 생명을 주기 때문이라』(고후 3:6).

올바로 나누어 공부하라

◆ 무엇부터 나누어 공부해야 하는가? ◆

"성경을 공부하는 사람"이 구약과 신약의 핵심적인 차이를 모르면서 다른 세부적인 교리들을 공부하게 되면, 지리학을 공부하는 사람이 대륙과 해양을 구분하지 못하면서 대륙성 기후와 해양성 기후의 특성을 배운다거나 생물학을 공부하는 사람이 포유류와 조류를 구분하지 못하면서 사자와 독수리의 차이를 배우는 것만큼이나 그 공부의 효과를 기대하기가 어렵다.

성경을 올바르게 나누어서 공부할 때(딤후 2:15), 제일 먼저 나누어서 알아야 할 것은 "구약과 신약"이다. 이것이 바로 성경 공부의 올바른 순서이고, 구약과 신약의 핵심을 놓치지 않는 길이다.

성령님의 역사

1. 구약의 율법 시대에 성령님께서는 성도 안에 내주하시지 않았다.

➡ 구원 자체가 믿음뿐만 아니라 그 믿음이 어떤 종류인지를 보여 주는 행위에 달려 있었기 때문에, 구원이 가변적이었고 성령님께서 성도들 안에 일단

들어오셨다 해도 영원히 계시지 않았던 것이다.

1) "**삼손**"의 경우, 그가 죄를 짓고 나실인의 규례를 어기자 성령님께서 떠나셨다. 하지만 마지막에 다시 돌아오셔서 그에게 힘을 주셨다.

2) "**사울**"의 경우, 그가 불순종하자 성령님께서 떠나셨고 다시는 돌아오시지 않았다. 따라서 그는 처음에 성령의 동참자가 되었다 해도 끝까지 견디지 못함으로써 그리스도께 참여한 자가 되지 못하는 환란 성도를 예표한다.

3) "**다윗**" 또한 믿음과 행위로 구원받는 율법 시대를 살았기 때문에 죄를 지으면 성령님께서 떠나실 수 있으셨지만, 그에게 주어진 확실한 자비로 인해 그는 구원을 잃어버리지 않았다(시 89:29-37, 행 13:34). 이처럼 다윗의 경우는 율법 시대에서 예외라고 할 수 있는데, 그가 구원을 잃어버리지 않았고, 또한 성령님께서도 그를 떠나지 않으셨기 때문에, 다윗은 구원의 영원한 보장을 받은(롬 8:35-39) 교회 시대의 그리스도인들의 예표가 된다.

인물	성령 하나님의 역사	비고
삼손	성령님께서 떠나셨지만, 다시 돌아오셨다. (판 16:20,28-30, 히 11:32)	히브리서 11장에 등장하는 믿음의 사람들의 명단에 들어 있음
사울	성령님께서 떠나시고, 돌아오지 않으셨다. (삼상 16:14; 28:15)	믿음의 사람들의 명단에 없음 대환란 시대에 구원을 잃어버리는 자들의 예표
다윗	성령님께서 떠나지 않으셨다. (삼상 16:13, 시 51:11)	믿음의 사람들의 명단에 들어 있음 교회 시대 성도들의 예표

예배의 장소와 방식

1. 구약과 신약은 예배드리는 장소가 다르다.

➡ 구약에서는 예루살렘 성전에서 예배를 드려야 했지만(요 4:20), 신약에서는 그리스도인이 모일 수 있는 곳이라면 어떤 곳이든지 장소에 제한받지 않고 예배를 드릴 수 있다(요 4:24). 왜냐하면 우리의 몸이 성전이기 때문이다. 그러나 유대인은 특정한 장소의 건물에서만 예배를 드려야 했다.

2. 구약과 신약은 예배드리는 방식이 다르다.

1) 구약에서는 그 규례와 방식과 절기를 따라 드려야 하나, 신약의 그리스도인들은 구약의 규례들이나 절기들이나 안식일들이나 새 달에 구애받지 않고 자유롭게 예배를 드린다(골 2:14-17). 예물은 끝날 때 드려도 되고 먼저 드려도 되며, 찬송 역시 시작할 때 불러도 되고 끝날 때 불러도 되지만, 교회의 질서와 전통을 지키기 위해 정해진 예배 순서에 따라 드린다. 오늘날 제도화된 교회들처럼 경직된 모습이나 로마카톨릭 방식의 엄숙함은 불필요하다. 이는 우리가 율법 대신 은혜를 받았기 때문이다. 우리는 여러 가지 희생제물 대신에 단 하나의 중요한 요소, 곧 그리스도의 보혈만이 필요하다(히 9:12-14).

2) 예수 그리스도의 보혈 이외에 다른 희생제물이 필요 없을 뿐만 아니라 모세와 같은 인간 중보자도 필요 없다. 오직 하나님이신 구주 예수 그리스도만이 우리의 중보자가 되신다. 이제는 레위 지파에 속한 제사장들이 없

어졌고 모든 그리스도인들이 "영적인 제사장"이 되었다(벧전 2:9). 성직자와 평신도를 구분하는 것은 로마카톨릭의 반성경적인 전통에 따른 것이며, 예수 그리스도께서는 성직자를 자처하는 니콜라파를 싫어하신다고 말씀하셨고(계 2:6), 또 미워하신다고 말씀하셨다(계 2:15).

구 분	구 약	신 약
예배 장소	예루살렘	아무 곳이나
하나님께서 계신 곳	성전 건물	그리스도인
예배 의식	율법에 따라	자유롭게
예배 방식	의식에 따라	영과 진리로
희생제물	짐승의 피	그리스도의 피
제사장직	레위 지파	모든 그리스도인(영적)

구원의 방법

1. 구원과 관련된 교리들의 차이

1) 구약에서의 죄인과 의인의 의미는 신약과 다르다. 신약에서는 모든 사람이 죄인인 반면, 구약은 행위에 의해 죄인(악인)과 의인을 구분하고 있다(겔 33:12-20).

2) 구약에서는 성도 개인의 『**자기 믿음**』(합 2:4)이 있었지만, 신약에서는 하

나님께서 선물로 주신 믿음으로(엡 2:8) "예수 그리스도를 신뢰하는 믿음"만이 효력이 있다(롬 10:17, 갈 2:16,20). 교회 시대에 우리가 가진 믿음은 우리 개인의 믿음이기 이전에 하나님께서 주신 믿음이며, 예수 그리스도께서 주체가 되신 믿음이다(롬 3:3, 갈 3:22-26 등).

3) 구약에서는 성도의 순종으로 인한 『**자기 의**』가 있으나(왕상 8:32, 대하 6:23, 겔 3:20; 14:14,20; 18:5-9,20,22,24,26; 33:12,13,18), 교회 시대에는 예수 그리스도를 믿는 믿음을 통한 『**하나님의 의**』만 효력이 있고(롬 3:21,22; 10:3,4), 예수님께서 친히 우리의 구원의 근거가 되신다(고전 1:30,31).

4) 구약에서는 "**동물의 피**"로 불완전한 속죄를 드렸지만(출 34:7), 신약에서는 "**예수 그리스도의 보혈**"을 통해 단번에 영원히 모든 죄들이 제거되었다(히 9:22; 10:10-14).

5) 구약에서는 "**육체의 할례**"를 받았지만(창 17:9-14), 신약에서 그리스도인은 "**영적인 할례**"를 받는다(골 2:11,12 롬 6:6).

6) 구약에서는 "**거듭남**"도 "**성령의 인치심**"도 "**영원한 내주하심**"도 없었으나, 신약에서는 모두 다 있다(요 3:3-5; 14:16,17, 엡 4:30).

7) 구약에서는 성도의 구원이 확정적이지 못했고(겔 3:20; 18:24) 하나님의 아들들이 되지 못했으나, 신약에서는 구원이 확정적이며 하나님의 아들들이 되고(롬 8:14-17) 그리스도 안으로 들어가(갈 3:26-29) 영적으로 하나가 된다(고전 6:17).

2. 구원과 관련된 교리들의 차이의 핵심은 "근거"에 있다.

➡ 신약의 교회 시대는 "**예수 그리스도의 완성된 속죄 사역**"을 근거로 하기 때문에 구약 시대와는 많은 차이들이 있다. 교회 시대의 구원이 영원히 보장될 수밖에 없는 이유는, 그 구속과 의롭게 됨과 영적 위치와 변화 등이 모두 오직 주 예수 그리스도의 공로에만 근거하고 있기 때문이다(롬 5:15-18, 고전 1:30,31).

구분	구약(주로 율법 시대)	신약(교회 시대)
믿음	자기 믿음	예수 그리스도를 믿음
용서	죄 사함(죄를 덮어줌)	영원한 구속(죄를 제거함)
근거	동물의 피	예수 그리스도의 보혈
의	자기 의(자기 행위)	하나님의 의 (예수 그리스도의 공로)
의롭게 됨	믿을 때 동시에 이루어지지 않음	믿을 때 동시에 이루어짐
성령	성령께서 떠나실 수 있음	성령님의 영원한 내주하심
영적 변화	거듭남이 없음	거듭남이 있음
할례	육체의 할례	영적 할례
관계	그리스도의 몸이 없음	그리스도의 몸 안에 들어감
양자됨	이스라엘이 민족적으로 하나님의 아들이 됨	각 그리스도인이 하나님의 아들이 됨
행위	구원을 위한 필수 요소	교제, 복, 보상, 영광을 위한 필수 요소
구원	가변적임	확정적임

죽음 이후 혼이 가는 곳

1. 죽음 이후 혼이 가는 장소의 차이

1) **구약에서 악인이 죽으면 몸은 무덤으로 가고 혼은 지옥으로 갔다(시 9:17).** 악한 자나 구원받지 못한 죄인의 혼이 지옥으로 가는 것은 십자가 이전과 이후가 동일하다. 누가복음 16장의 부자(악인)는 그의 혼이 지옥에서 고통을 받았다.

2) 부자와 달리 나사로의 혼은 지하 세계의 낙원인 아브라함의 품으로 갔다(눅 16:22,23). **반면에 예수 그리스도의 피로 구속이 완성된(롬 3:24, 히 9:12) 신약의 교회 시대에는 구원받은 성도의 몸은 땅에 묻히지만 혼은 즉시 하늘나라(셋째 하늘)로 간다(딤후 4:18, 고후 5:1-8).**

구 분		구 약	신 약
악인 (죄인)	몸	무덤	무덤
	혼	지옥	지옥
의인 (그리스도인)	몸	무덤	무덤
	혼	아브라함의 품(지하)	하늘나라(셋째 하늘)

■ 새롭게 깨달았거나 적용할 내용이 있다면 적어 보세요. ■

직분(역할)

1. 직분의 차이

➠ **구약에는 정죄와 죽음의 직분이 있지만, 신약에는 의와 생명의 직분이 있다.** 구약은 "죽이는 법문," "죽음의 직분," "정죄의 직분"과 관계가 있고, 신약은 "생명을 주는 영," "영의 직분," "의의 직분"과 관계가 있다.

2. 역할과 영광

➠ **율법은 죄와 그 죄에 대한 책임을 알려 주는 역할을 하고(롬 5:14,20; 7:12,13), 새 언약은 생명을 주는 역할을 한다.** 율법을 줄 때 그것이 받는 이들에게 "**정죄**"를 가져옴에도 불구하고 영광이 있었다면, 하물며 "**의의 직분**"인 구원의 복음을 전할 때는 그 영광이 얼마나 더 하겠는가! 율법이 주어졌을 때는 3천 명이 죽었지만(출 32:28), 오순절에 성령님께서 오셨을 때는 3천 명이 "**구원을 받았다**"는 사실을(행 2:41) 기억해야 한다. **모세가 받은 사역이 영광스러운 것이었다면, 생명을 주는 영의 직분은 얼마나 더 영광스럽고 귀한 것이겠는가!**

구 약	신 약
법문(the letter)	영(the spirit)
돌판에 기록되고 새겨짐	마음 판에 기록됨
죽음의 직분	생명을 주는 영의 직분

구 약	신 약
정죄의 직분	의의 직분
이전의 영광스러운 것	이전 것을 앞지르는 영광
없어져 버린 영광	훨씬 더 많은 영속할 영광
모세	새 언약의 능력 있는 일꾼

『또한 그분은 우리로 새 언약의 능력 있는 일꾼이 되게 하셨는데 이는 법문으로 한 것이 아니고 영으로 한 것이니 법문은 죽이고 영은 생명을 주기 때문이라. 그러나 돌판에 기록되고 새겨진 죽음의 직분이 영광스러워서 이스라엘 자손이 모세의 용모의 영광, 즉 없어져 버릴 영광 때문에 그의 얼굴을 주목할 수 없었거늘 하물며 영의 직분은 더욱 영광스럽지 아니하겠느냐? 정죄의 직분에 영광이 있다면 의의 직분에는 영광이 더욱 많으리라』(고후 3:6-9).

구약과 신약의 차이점들을 깨닫고 곰곰이 숙고하면, 주 예수 그리스도를 믿었을 때 은혜로 우리에게 주신 구원이 얼마나 위대하며 영광스러운 것인지 새삼 깨닫게 된다. 따라서 우리는 앞에서 배운 진리들에 근거하여 하나님의 은혜의 복음과 진리의 지식을 더욱 신실하게 더욱 열정적으로 전파해야 한다. 『**내가 기꺼이 이 일을 하면 상이 있으려니와 기꺼이 하지 아니한다 해도 복음의 경륜이 내게 맡겨졌음이라**』(고전 9:17).

제4과
복습문제

1. (　　　　　)의 경우 성령께서 떠나시고 돌아오지 않으셨다. 그는 환란 시대에 구원을 잃어버리는 자의 예표다.

2. (　　　　　)의 경우 성령께서 떠나셨지만 돌아오셨다.

3. (　　　　　)의 경우 성령께서 떠나지 않으셨다. 그는 신약의 교회 시대에 구원받은 성도의 예표다.

※ 다음 괄호 안에 알맞은 단어나 표현을 넣으시오(4-10).

구 분	구 약	신 약
예배 장소	예루살렘	아무 곳이나
하나님께서 계신 곳	성전 건물	그리스도인
예배 의식	율법에 따라	자유롭게
예배 방식	의식에 따라	4. (　　　　　)
제물	짐승의 피	5. (　　　　　)
제사장직	레위 지파	모든 그리스도인(영적)
믿음	6. (　　　　　)	예수 그리스도를 믿는 믿음

구 분	구 약	신 약
용서	죄 사함(죄를 덮어줌)	7. ( )
의	자기 의(자기 행위)	하나님의 의(예수님의 공로)
의롭게 됨	믿을 때 동시에 이루어지지 않음	믿을 때 동시에 이루어짐
성령	성령께서 떠나실 수 있음	성령의 영원한 내주하심
영적 변화	거듭남이 없음	거듭남이 있음
할례	육체의 할례	8. ( )
구원	9. ( )	확정적임
사후	10. ( )	셋째 하늘(하늘나라)

■ 복습 문제의 정답은 홈페이지(www.solomonbtc.org)에서 확인할 수 있습니다.

■ 새롭게 깨달았거나 적용할 내용이 있다면 적어 보세요. ■

NOTES

NOTES

제5과

성경의 주제는 왕국이다 : "천국과 하나님의 나라"

『그들은 나의 모든 거룩한 산에서 해치거나 파괴시키지 않으리니 이는 마치 물들이 바다를 덮음같이 세상이 **주**의 지식으로 충만할 것임이니라』(사 11:9).

천년왕국

"천국"(Kingdom of Heaven)과 "하나님의 나라"(Kingdom of God)는 하늘(heaven, 물질)이 하나님(God, 영)과 같지 않은 것처럼 같지 않다. 천국과 하나님의 나라는 "만왕의 왕"이신 하나님의 왕국의 계획에서 핵심을 이루는 왕국들이다. 그러나 두 왕국은 결국 개별적으로 존재하지 않고 한 왕국 안에서 합쳐지게 된다. 그 왕국이 바로 주 예수 그리스도께서 재림하셔서 수립하실 "천년왕국"이다. 주님께서 지상에서 다스리시는 천년왕국은 그 왕국 고유의 특성을 지니고 있으며, 이를 공부하면 재림에 대한 믿음과 소망이 솟구치게 된다.

성경에 나오는 왕국들

1. 천국(Kingdom of Heaven) - 문자 그대로 가시적이고 물리적인 정치적 왕국

「그 때부터 예수께서 전파하기 시작하여, 말씀하시기를 "회개하라, 천국이 가까이 왔느니라."고 하시더라」(마 4:17).

➠ 마태복음 6:10의 개념이 담겨져 있다. 『아버지의 왕국이 임하시오며, 아버지의 뜻이 하늘에서와 같이 땅에서도 이루어지이다[Thy kingdom come. Thy will be done in earth, as it is in heaven].』 하늘(heaven)에서 이뤄진 아버지의 뜻이 땅에 이뤄지는 왕국(kingdom)이 천국(Kingdom of Heaven)이다.

2. 하나님의 나라(Kingdom of God) - 비가시적이고 영적인 왕국

『하나님의 나라는 먹고 마시는 것이 아니라 다만 성령 안에서 의와 화평과 기쁨이라』(롬 14:17). 『또 사람들이 '보라, 여기 있다!' 또는 '보라, 저기 있다!'고도 말하지 못하리니, 보라, 이는 하나님의 나라가 너희 안에 있기 때문이라』(눅 17:21).

➠ 하나님은 영이시기 때문에 하나님의 나라는 영적인 나라다.

3. 하늘나라(heavenly kingdom) - 셋째 하늘

『주께서는 나를 모든 악한 일에서 구해 내시고, 그의 하늘나라에 이르기까지 나를 보호하시리니, 영광이 그 분께 영원무궁토록 있기를 원하노라. 아멘』(딤후 4:18).

1) 천국(Kingdom of Heaven)과 혼동하지 말아야 한다. 천국은 아버지의 뜻이 하늘에서처럼 땅에서도 이루어지는(마 6:10) "물리적인 지상 왕국"이며, 하늘나라는 문자 그대로 하나님께서 만유의 왕으로서 보좌에 앉아 계시는 "셋째 하늘의 왕국"이다.

2) 사복음서에서 때때로 천국과 하나님의 나라가 동시에 기술되는 이유는, 예수 그리스도께서 이 땅에 오시면 천국과 하나님의 나라가 동시에 임하기 때문이다(cf. 마 4:17 vs. 마 6:33).

천국과 하나님의 나라가 만나는 천년왕국

『예수께서 대답하여 그에게 말씀하시기를 "진실로 진실로 내가 너에게 말하노니, 사람이 거듭나지 아니하면 하나님의 나라를 볼 수 없느니라."고 하시더라... 예수께서 대답하시기를 "진실로 진실로 내가 너에게 말하노니, 사람이 물과 성령으로 태어나지 아니하면 하나님의 나라에 들어갈 수 없느니라』(요 3:3,5).

1. 하나님의 나라에 관한 예수 그리스도의 이중적 기술

1) 3절에서는 사람이 거듭나지 아니하면 하나님의 나라를 볼 수 없다고 하시고, 5절에서는 물과 성령으로 태어나지 않으면 하나님의 나라에 들어갈 수 없다고 말씀하신다. 즉 거듭나는 것은 하나님의 나라를 "**보는 것**"뿐 아니라 "**들어가는 것**"에 대한 유일한 조건이 되는 것이다. "**하나님의 나라**"는 로마서 14:17에서 말씀하고 있는 바와 같이 『**성령 안에서 의와 화평과 기쁨**』이다. 따라서 성령으로 거듭난 자가 성령 안에서 의를 누리는 그분의 영적인 왕국에 들어가는 것은 당연하다. 성령으로 거듭나는 순간에 그 "**하나님의 나라**" 안으로 들어가는 것이다. 우리는 이 세상 나라에 살면서도 동시에 하나님의 나라의 의와 화평과 기쁨을 성령 안에서 누릴 수 있다.

2) 그러나 성경에는 "하나님의 나라"가 장차 나타나는 것으로 기술하는 구절이 있다.

『그들이 이 말씀을 듣고 있을 때 주께서 비유를 하나 더 들어 말씀하시더라. 이는 주께서 예루살렘에 가까이 계시므로 그 사람들은 하나님의 나라가 당장 나타나는 줄로 생각하고 있었기 때문이라』(눅 19:11). 『진실로 내가 너희에게 말하노니, 여기 서 있는 자들 가운데 몇 사람은 하나님의 나라가 권능으로 임하는 것을 볼 때까지 죽음을 맛보지 아니하리라』(막 9:1).

➡ 이것은 미래에 이 땅에 실제적으로 임할 하나님의 나라이다. 더욱이 예수님께서는 영적인 하나님의 나라는 눈으로 볼 수 있게 오는 것이 아니라고 말씀하셨는데(눅 17:20,21), 본문은 사람이 거듭나면 하나님의 나라를 "볼 수 있다"고 말씀한다. 따라서 이것은 미래에 임할 천년왕국을 언급하는 것이다. 사람이 거듭나면 "장차 언젠가" 하나님의 나라를 물리적인 왕국인 천국을 통해 볼 수 있는 것이다. 다시 말해 지금 예수 그리스도께서는 재림의 때를 일찌감치 언급하고 계신다.

3) 거듭나지 않은 사람은 예수 그리스도께서 재림하실 때 이 땅에 세워질 천년왕국을 "보는" 영광을 누리지 못할뿐 아니라, 현재에도 또 미래에도 그 나라에 "들어갈 수" 없다. 지금 이 교회 시대에는 거듭난 그리스도인들이 하나님의 나라에 영적으로 들어가 있다. 또한 이 하나님의 나라가 이 땅에 실제적으로 임할 때에는 그리스도인들이 그것을 실제로 볼 것이다. 하나님의 나라는 지금 영적으로 존재하고, 천년왕국 시대에는 실제적으로 존재하게 될 나라이기 때문이다. 말하자면 당신이 거듭나지 않았다면 첫

째, 지금 그 영적인 하나님의 나라에 들어갈 수가 없고, 둘째, 하나님의 나라가 실제적으로 나타날 때 그 나라를 보지 못하게 되는 것이다. 하나님의 나라가 눈에 보이게 나타날 때 그 나라의 영적인 면은 가시적으로 온 세상에 충만하게 된다.

『마치 물이 바다를 덮음같이 땅이 **주**의 영광의 지식으로 가득 차리라』(합 2:14). 『그들은 나의 모든 거룩한 산에서 해치거나 파괴시키지 않으리니 이는 마치 물들이 바다를 덮음같이 세상이 **주**의 지식으로 충만할 것임이니라』(사 11:9).

천년왕국의 실제적인 모습

예수 그리스도께서 재림하시면 초림 때처럼 천국과 하나님의 나라를 다시 가져오실 것이다. 주님께서는 아마겟돈 전쟁을 통해 사탄의 왕국을 무너뜨리시고(계 19:11-21) 세상 나라들을 접수하여(계 11:15) 천국과 하나님의 나라가 동시에 펼쳐지는 천년왕국을 수립하실 것이다(계 20:1-7). 『**이 세상의 나라들이 우리 주와 그의 그리스도의 왕국들이 되어서 그분이 영원무궁토록 통치하시리라**』(계 11:15). 하지만 사탄이 결박된(계 20:1-3) 천년왕국에도 악인들은 있을 것이며(시 110:2, 사 65:20), 그들은 천년왕국 끝에 사탄이 끝없이 깊은 구렁에서 잠시 풀려나 최후의 반역을 할 때 그에게 가담했다가 하나님께로부터 내려오는 불로 불살라질 것이다(계 20:9). 그 후 주님께서는 우주의 모든 구

성 요소들을 불태워 버리시고(벧후 3장), 모든 시대의 구원받지 않은 모든 죄인들을 지옥에서 큰 백보좌 심판으로 불러내시어 영원한 불못에 던져 넣으실 것이다(계 20:11-15). 우리의 관심은 그날이 오기 전에 있을 천년왕국의 모습이 어떠하냐에 있다. 과연 물리적인 천국과 영적인 하나님의 나라가 만나는 천년왕국은 어떤 모습일까? 하늘의 군대를 이끄실 주님께서 적그리스도를 멸하시고(계 19:11-21) 민족들을 심판하신 후 직접 통치하실 왕국은 어떤 모습일까?(마 25:31-34)

1. 천년왕국은 주 예수 그리스도께서 직접 통치하시는 신정통치체제가 될 것이다.

「그 천사가 그녀에게 말하기를 "마리아야, 두려워 말라. 이는 네가 하나님의 은총을 받았음이니라. 보라, 네가 너의 태 안에 임신하여 한 아들을 낳으리니 그의 이름을 **예수**라 하라. 그는 위대하게 될 것이며, 가장 높으신 분의 아들이라 불릴 것이요, 또 주 하나님께서 그에게 그의 조상 다윗의 보좌를 주실 것이며 그는 야곱의 집안을 영원히 통치할 것이요 그의 왕국은 무궁하리라."고 하니라」(눅 1:30-33). 「내가 밤에 환상들을 보았더니, 보라, 인자 같은 분이 하늘의 구름들과 함께 오셔서 옛날부터 계신 분께로 오시니 그들이 인자 같은 분을 그분 앞에 안내하였더라. 거기에서 그분께 통치권과 영광과 왕국이 주어졌으니, 이는 모든 백성과 민족들과 언어들로 그분을 섬기게 하려 함이더라. 그분의 통치권은 사라지지 않을 영원한 통치권이며 그분의 왕국은 멸망하지 않으리라」(단 7:13,14).

2. 주 예수 그리스도께서 성전에서 경배를 받으실 것이다.

1) **천년왕국의 성전과 뜰에 대해서는 에스겔 40:1-44:31에 완벽하게 묘사되어 있다**. 선지자 에스겔이 묘사한 성전은 역사적으로 건축된 적이 없다. 그러므로 스룹바벨이나 헤롯이 건축한 성전을 에스겔의 성전이라고 해서는 안 된다. 에스겔의 성전은 천년왕국 때 이 지상에 세워질 성전이다. 바벨론 포로기에 성전을 떠났던 "하나님의 영광"은 그때 다시 돌아와서(겔 10:18-20; 11:22,23) 성전을 가득 채울 것이다(겔 43:1-5).

2) **천년왕국 때는 아론의 계열에 따른 제사장 직분이 다시 복원될 것이며, 사독의 아들들이 제물을 드리는 임무를 맡게 될 것이다(겔 44:15-31)**.

3) **모든 민족들은 장막절을 지키러 와야 한다**. 그렇지 않으면 하나님께서 역병과 가뭄의 재앙을 내리실 것이기 때문이다(슥 14:16-19). 따라서 그날에는 이 세상에 단 하나의 종교밖에 없을 것이다(말 1:11).

3. 민족들은 자신들의 칼을 녹여 보습을 만들 것이며, 자신들의 창들을 쳐서 낫을 만들 것이다(미 4:3,4).

➡ **천년왕국 때는 국가 간에 더 이상 군비 경쟁을 하지 않아도 될 것이며, 군대를 지원하고 전함을 만들기 위해 세금을 내지 않아도 될 것이다**. 군용 선박이나 총들과 대포들에 사용된 모든 철은 녹여서 농기구를 만드는 데 사용될 것이다. 지상의 국가들이 유지하던 거대한 군대들은 해체될 것이며, 평화를 추구하고, 땅을 경작하며, 고갈된 이 땅의 자원들이 다시 보충될 것이다.

4. 팔레스타인 땅이 회복될 것이다.

1) **천년왕국 때에 팔레스타인 땅은 예전의 윤택했던 땅으로 되돌아갈 것이다.** 비만 충분히 내리는 것이 아니라 성전에서 흘러나오는 수원(水原)을 통해 많은 강과 하천들이 생길 것이다.

2) **『그 날에 산들이 새 포도주를 떨어뜨릴 것이며 작은 산들에는 젖이 흐를 것이요, 유다의 모든 강들에는 물이 흐를 것이며 주의 집에서 샘이 흘러 나와 싯팀 골짜기에 물을 대리라』**(욜 3:18).

➡ "**산들이 새 포도주를 떨어뜨릴 것**"이란 표현과 "**작은 산들에 젖이 흐를 것**"이란 표현은, 온 산들에 포도나무가 심겨져서 풍성한 열매를 거두게 될 것과 엄청나게 넓게 형성된 목초지에서 많은 소들이 풀을 뜯고 거기에서 젖을 짜게 될 미래에 대한 시적인 표현이다. 그날에는 엄청나게 많은 양을 수확하게 될 것이다. 성경은 이러한 모습을 다음과 같이 묘사하고 있다.

『**주**가 말하노라. 보라, 그 날들이 이르리니 밭 가는 자가 추수꾼을 앞서며 포도를 밟는 자가 씨 뿌리는 자를 앞서리라. 산들은 단 포도주를 떨어뜨릴 것이요, 모든 작은 산들은 녹으리라』(암 9:13). 『광야와 메마른 곳이 그들을 기뻐하고, 사막이 기뻐하며 장미처럼 피리라』(사 35:1). 『가시나무를 대신하여 전나무가 나오며 찔레를 대신하여 도금양나무가 나올 것이라. 그것이 **주**께 한 이름이 되어 끊어지지 아니할 영원한 표적이 될 것이니라』(사 55:13). 『그때 땅이 그 소산을 낼 것이요, 하나님, 곧 우리의 하나님께서 우리에게 복을 주시리이다』(시 67:6). 『내가 너희

가운데 보냈던 나의 큰 군대인 메뚜기와 자벌레와 풀쐐기와 모충이 먹었던 연수를 내가 너희에게 갚아 주리니, 너희는 풍족히 먹고 만족할 것이며 너희를 경이롭게 다루셨던 **주** 너희 하나님의 이름을 찬양하리라. 내 백성[유대인]이 결코 수치를 당하지 아니하리라』(욜 2:25,26).

5. 천년왕국 때는 동물 세계가 변화될 것이다.

『또한 이리가 어린양과 함께 거하며 표범이 새끼 염소와 함께 누울 것이요, 송아지와 어린 사자와 살진 짐승이 함께하며 어린아이가 그들을 이끌리라. 암소와 곰이 함께 먹으며 그것들의 새끼들이 함께 누울 것이요, 사자가 소처럼 짚을 먹으리라. 또 젖먹는 아이가 독사의 구멍에서 장난하며, 젖뗀 아이가 독사의 굴에 손을 넣으리라』(사 11:6-8).

➡ 이 말씀을 읽을 때 영적으로 해석할 필요가 없다. 동물들은 아담이 타락하기 전 "에덴의 동산"에서처럼 평화롭고 온순해질 것이다. **이것은 땅의 회복과 더불어 동물들도 온전히 구속받게 될 것이라는 사실을 말해 준다(롬 8:22,23).** 동물들의 야수성이 완전히 제거되는 것이다.

■ 새롭게 깨달았거나 적용할 내용이 있다면 적어 보세요. ■

6. 천년왕국 때는 인간의 수명이 길어질 것이다.

1) 『**거기에는 날 수로 되는 아기도, 자기 수명을 다 채우지 못한 노인도 더 이상 없을 것이니 이는 백 세에 죽는 자가 아이요 백 세가 된 죄인은 저주를 받은 것이 될 것임이라**』(사 65:20).

➠ 백 살이 어린아이로 취급받는다면 어른은 몇 살을 산단 말인가? 최소한 몇백 년은 살지 않겠는가? 이처럼 천년왕국 때는 인간의 수명이 길어지게 된다.

2) 『**자기가 지은 곳에 다른 사람이 살지 아니할 것이며, 자기가 심은 것을 다른 사람이 먹지 아니하리라. 이는 내 백성의 수명이 나무의 수명과 같겠고, 나의 택한 자가 그들의 손으로 일한 것을 오래 즐길 것임이라**』(사 65:22). 『**만군의 주가 이같이 말하노라. 예루살렘의 거리들에는 여전히 늙은 남자들과 늙은 여자들이 살 것이며, 사람마다 나이 많음으로 인하여 손에 지팡이를 잡을 것이라**』(슥 8:4). 『**둑 위에 강가로 이편과 저편에는 양식이 될 모든 나무가 자라고 그 잎사귀들은 시들지 아니하며, 그 과실도 다하지 아니하고 달마다 새로운 과실을 내리니 이는 그 물이 성소에서 나옴이라. 또 과실은 양식이 되고 그 잎사귀는 약이 될 것이라**』(겔 47:12).

➠ 이때는 사람들이 최소한 홍수 이전에 족장들이 누렸던 수명을 채울 것이다. 기후를 비롯한 환경적인 변화로 인해 사람들의 수명이 길어질 것이다. 성소에서 흘러나오는 "강"은 병을 치유하여 장수를 누리게 해 줄 것이며, 둑 위에서 자라는 나무 잎사귀들은 약으로 사용될 것이다. 좋은 환경으로 인해 수명이 늘고, 병이 걸리더라도 좋은 약으로 치유받는 시대가 바로 천년왕국 시대인 것이다.

7. 천년왕국 때는 빛이 일곱 배나 밝아질 것이다.

『또 **주**께서 자기 백성의 터진 자리를 싸매시고 매맞은 상처를 치유하시는 날에, 달빛이 햇빛같이 될 것이요, 햇빛은 일곱 날들의 빛과 같이 일곱 배가 되리라』(사 30:26). 『태양이 더 이상 낮에 네 빛이 되지 아니할 것이요, 달도 광명으로 네게 빛을 내지 아니하리니 오직 **주**가 네게 영원한 빛이 될 것이며, 네 하나님이 네 영광이 되리라. 네 태양은 더 이상 지지 아니하며 네 달도 물러가지 아니하리니 이는 **주**가 너의 영원한 빛이 될 것이며 또 네 슬픔의 날이 끝나게 될 것임이라』(사 60:19,20).

1) 천년왕국 기간에 이스라엘 민족의 임무는 이방 민족들의 빛이 되는 것이다. 이때 이스라엘은 모든 민족들 가운데 으뜸이 될 것이다. 하나님께서는 친히 이렇게 말씀하셨다. 『**주께서는 너를 머리가 되게 하시고 꼬리가 되지 않게 하시며, 너로 위에만 있게 하시고 너로 아래에는 있지 않게 하시리라**』(신 28:13). 현재 이스라엘은 머리가 없이 몸만 가진 민족이다. 오늘날 그들은 이 세상에서 최고의 민족이 아니지만, 그때에는 민족들의 우두머리가 될 것이다. 만약 그날에 이스라엘을 섬기지 않는 민족들이 있다면, 그들은 하나님께 벌을 받게 될 것이다.

2) 『**너를 섬기지 아니하는 민족과 나라는 멸망하리니 정녕, 그러한 민족들은 완전히 황폐하리라**』(사 60:12).

➡ 주님께서는 천 년 동안 "철장으로" 다스리실 것이다. 시편 2:6-9에는 메시아 왕국의 통치 방법이 잘 드러나 있다. 천 년 동안 각 나라들 사이에는 평화가 있을 것이지만, 한편으로 이 평화는 주님의 철장

통치 아래서 유지되는 평화이다. 따라서 이 가운데는 주님께 억지로 순종하는 사람도 있을 것인즉, 사탄이 풀려나서 사람들을 미혹할 때 그들은 적극적으로 사탄에게 동조해서 주님께 반역을 할 것이다. **사탄이 끝없이 깊은 구렁에서 풀려나 이 땅으로 다시 올라오면, 이미 자신의 거짓말을 믿을 수 있는 많은 사람들이 준비되어 있을 것이다.** 사람들은 사탄을 맞이할 준비를 해 놓았다는 듯이 곧바로 그에게 동조하고 순종할 것이다. 이에 사탄은 땅의 사방에 있는 사람들을 모아 전쟁을 일으킬 것인데, 그들의 수는 바다의 모래 같을 것이다(계 20:8). 곧이어 사탄은 성도의 진영과 "**사랑하시는 도성**"을 에워쌀 것이지만, 하나님께서는 그 반역자들을 무찌르시기 위해 하늘에서 "**불**"을 내려 보내시어 모두 삼켜 버리게 하실 것이다(계 20:9). **그들을 미혹했던 사탄은 산 채로 불못에 던져져서 밤낮으로 영원무궁토록 고통을 받게 된다(계 20:10).**

■ 새롭게 깨달았거나 적용할 내용이 있다면 적어 보세요. ■

제5과
복습문제

1. 천국(Kingdom of Heaven)과 하나님의 나라(Kingdom of God)는 하늘(heaven, 물질)이 하나님(God, 영)과 같지 않은 것처럼 같지 않다. (O , X)

2. 사복음서에서 때때로 천국과 하나님의 나라가 동시에 기술되는 이유는, 예수님께서 이 땅에 오시면 천국과 하나님의 나라가 동시에 임하기 때문이다. (O , X)

3. 사람이 거듭나지 아니하면 하나님의 나라를 볼 수 없다는 요한복음 3:3의 말씀은 현 교회 시대에 임한 하나님의 나라를 뜻한다. (O , X)

4. 예수 그리스도께서 재림하시면 (   ) 때처럼 천국과 하나님의 나라를 다시 가져오실 것이다.

5. 사탄이 결박된(계 20:1-3) 천년왕국에는 악인들이 없을 것이다. (O , X)

6. 천년왕국은 주 예수 그리스도께서 직접 통치하시는 (   )통치체제가 될 것이다.

7. 천년왕국에서는 주 예수 그리스도께서 (   )에서 경배를 받으실 것이다.

8. 천년왕국 때는 팔레스타인 땅이 예전의 윤택했던 땅으로 회복될 것이다. (O , X)

9. 천년왕국 때는 (   ) 세계가 변화되고, 인간의 (   )이 길어지고, 빛이 (   ) 배나 밝아질 것이다.

10. 『그들은 나의 모든 거룩한 산에서 해치거나 파괴시키지 않으리니 이는 마치 물들이 바다를 덮음같이 세상이 주의 (   )으로 (   )할 것임이니라』(사 11:9).

■ 복습 문제의 정답은 홈페이지(www.solomonbtc.org)에서 확인할 수 있습니다.

■ 새롭게 깨달았거나 적용할 내용이 있다면 적어 보세요. ■

NOTES

제6과
잘못된 성경 해석에서 나온 거짓 교리들

『네 자신과 교리에 주의하고 이 일들을 계속하라. 이것을 행함으로써 네 자신과 네 말을 듣는 사람들을 구원하리라』 (딤전 4:16).

거짓 교리를 공부하는 목적

<u>하나님께서 성경을 기록하신 목적은, 인간에게 앞으로 이뤄질 일들을 계시해 줄 뿐만 아니라, 특히 사후의 생과 죄에 대한 심판을 알려 주어 그들로 구원받게 하시기 위함이다.</u>

성경에는 죄의 형벌과 지옥의 심판으로부터 구원받을 수 있는 하나님의 구원 계획이 제시되어 있는데, 예수 그리스도께서 십자가에서 완성해 놓으신 복음을 믿는 죄인은 성령으로 다시 태어나게 되어 어떤 죄인이라도 지옥의 영원한 형벌로부터 구원받고 하나님의 나라에 들어갈 수 있다.

<u>마귀는 사람들로부터 이 복음을 가리고 죄의 종이 되게 함으로써 그들을 마귀 자신의 하수인으로 쓰고 있는데, 그는 자신의 종들에게 잘못된 성경 지식을 주입하여 그들로 하여금 다른 죄인들을 멸망으로 인도하게 하고 있다.</u> 마귀에게 속은 하수인들은 스스로는 하나님의 일을 한다고 생각할지 모르나 마귀의 종으로써 사람들을 지옥으로 인도하고 있는 것이다.

이러한 마귀의 술책에 대항하기 위해서는 성경의 어떤 부분이 잘못 해석되어 멸망의 길을 넓혀 왔는지를 알아야 하는데, 본 강의를 통해 가장 많이 오해되고 있는 기본 구절들을 공부함으로써 성경을 정확하게 가르칠 수 있는 역량을 배양해야 한다.

성경의 세 가지 해석법

1. 성경은 역사적으로, 영적으로, 교리적으로 적용할 수 있다.

➠ 이것을 알려면 성경을 정확히 해석해 놓은 책으로 공부해야 한다. 어떤 것이 좋은 책인지 모르면 엉뚱한 곳에서 인생을 낭비하게 된다. 성령님의 도움이 없이는 진리로 인도받을 수 없고(요 16:13), 바른 성경이 없는 상황에서는 성령님께서 조명하기를 기뻐하지 않으신다는 사실을 알아야 한다.

2. 성경은 기본적으로 교리서이다.

➠ 성경의 모든 구절이 거기에 맞는 특정한 사람들에게 특정한 목적으로 특정한 진리를 가르치기 위해 기록된 것임을 알고 해석에 주의해야 한다.

3. 교리적 적용에 유의해야 한다.

1) 모든 성경은 "교리"뿐만 아니라 책망과 바로잡음과 의로 훈육하기에 유익하므로(딤후 3:16), 모든 성경 구절은 믿는 사람들을 성경대로 바르게 살도록 가르치기 위한 영적 적용이 가능하다.

2) 하지만 영적으로 적용해야 할 것을 교리로 가르치면 오류를 범하게 된다. 말하자면 모든 성경 구절이 신약 교회를 위한 교리는 아닌 것이다. 뿐만 아니라 교리적으로 적용해야 할 것을 역사적으로 또는 영적으로 적용하는 것도 잘못된 것이다.

잘못 해석되어 온 구절들

1. 시편 2:7 - 『너는 내 아들이라. 오늘 내가 너를 낳았노라.』

1) **이 구절은 신약성경의 사도행전 13:33, 히브리서 1:5; 5:5에 인용되고 있다.**

2) 존 칼빈은 "**오늘**"이라는 단어를 무시한 가운데 예수 그리스도께서 창세기 1장 이전인 영원 전에 나셨다고 말했다. 이것은 마치 에베소서 1:4을 잘못 해석하여 하나님께서 영원 전에 구원받을 자를 택했다고 해석하는 것과 같다. 에베소서 1:4에서는 분명히 "**그리스도 안에서**"란 말씀이 있다. 예수 그리스도를 개인의 구세주로 믿지 않은 사람이 어떻게 그리스도 안에 있을 수 있는가?

3) 영국의 신학자 벌링거(E.W. Bullinger)는 "**오늘 내가 너를 낳았노라**"를 예수 그리스도의 부활에다 갖다 맞추고 있다. 성령님께서 부활과 태어났다는 말을 구분할 수 없어서 부활을 "낳았다"라고 쓰셨단 말인가?

4) 시편 2:7은 예수 그리스도께서 장차 성령으로 잉태하여 태어나실 것을 예언한 말씀이다. 이 구절은 초림 때의 동정녀 탄생에 관한 말씀이다.

5) 예수 그리스도께서 성령으로 잉태되어 『**하나님의 아들**』(눅 1:35)로서 태어나신 이후, 하나님께서 성령을 통해 낳으시는 하나님의 아들들이 태어나게 되었다. 그들이 바로 『**하나님의 아들들**』(요 1:12)이라 불리는

우리 그리스도인들이다. 이로써 예수 그리스도께서는 성령으로 태어난 많은 형제 가운데 첫태생이라고 불리신다(롬 8:29).

2. 마태복음 16:18 - 『너는 베드로라. 그리고 이 반석 위에 내가 나의 교회를 세우리니』

1) 로마카톨릭은 베드로가 교회의 반석이라고 해석하여, 자신들이 사도의 권위를 베드로로부터 계승하였다고 믿어 왔다. 따라서 사도 베드로는 본의 아니게 로마카톨릭의 반석으로 여겨져 왔다.

2) 그러나 성경은 베드로를 반석이라고 말씀하지 않는다. 고린도전서 10:4은 예수 그리스도께서 그 반석이라고 말씀한다. 『**그 반석은 그리스도셨음이라.**』 광야에서 물을 얻기 위해 모세가 지팡이로 쳤던 것은 반석이신 예수 그리스도였다. 우리를 구원시키기 위해 예수님은 그렇게 맞으셔야 했던 것이다(사 53:5).

『그러나 그는 우리의 허물로 인하여 상처를 입었고, 그는 우리의 죄악으로 인하여 상하였도다. 우리의 화평을 위한 징계가 그에게 내려졌고, 그가 맞은 채찍으로 우리가 치유되었도다』(사 53:5).

3) 베드로 자신도 예수 그리스도가 그 반석이라고 기록했다. 『**또 넘어지게 하는 돌과 거치는 반석이 되었으니**』(벧전 2:8).

4) 로마카톨릭 성경을 만든 오리겐(Origen)은 "**하나님께서 교회를 베드로 위**

에만 세우셨다면 요한이나 야고보 같은 사도들은 어떻게 되었단 말인가?" 라고 했다. 예수님께서는 친히 사랑하시는 열두 제자들을 선택하셨고, 그 중 요한, 야고보, 베드로를 최측근, 즉 "Inner Circle"로 삼으셨으며, 그들과 변형산에서도 함께 계셨다. 이 셋은 열둘 중에서도 더 많은 사랑을 받았다. 이 셋 중에서 가장 많이 사랑하셨던 제자는 "사도 요한"이었다. 성경은 요한을 주님께서 사랑하시던 자라고 말씀한다(요 13:23). 로마카톨릭의 주장처럼 베드로가 교회의 반석이었다면 사도 요한은 어떻게 된 것인가? 왜 베드로가 반석이 되어야 했는가? 그것은 마태복음 16:17-19을 잘못 해석했기 때문에 생긴 오류이다.

5) 만일 카톨릭의 주장대로 베드로가 반석이었다면 로마카톨릭은 자기들의 교회를 사탄 위에 세운 것이 된다(마 16:23). 로마카톨릭의 교회를 실제로 수립한 어거스틴 역시 반석을 베드로가 고백한 것과 같이 예수님 자신을 일컫는 것이라고 자인했다. 제롬, 그레고리, 싸이릴, 암부로스 같은 교부들도 베드로가 반석이 아니라는 데 동의했다. 그러나 성경에 무지한 로마카톨릭은 베드로가 교회의 반석이라고 주장한다. 로마카톨릭의 반석은 베드로이나 성경적 신약 교회의 반석은 예수 그리스도이심을 알아야 한다.

3. 요한복음 6:53-57 -『내 살을 먹고 내 피를 마시는 자는』

1) 로마카톨릭은 주일 낮 12시면 으레 성만찬이랍시고, 빵 조각은 예수님의 살이 되고 포도주는 예수님의 피가 되는 줄로 알고서, 그것을 먹고 마시는 일을 이미 A.D. 1000년경부터 해 오고 있다. 그러나 이런 행위는 전혀 성경적인 근거가 없는 것인데 이것이야말로 마귀들의 장난에 불과하다.

2) 요한복음 6장에서 주님께서는 자신을 하나님의 빵으로 제시하신다. 『**하나님의 빵은 하늘에서 내려와 세상에 생명을 주는 분**』(요 6:33). 『**내가 생명의 빵이니라. 내게 오는 자는 결코 배고프지 아니하며, 또 나를 믿는 자는 어느 때나 결코 목마르지 아니하리라**』(요 6:35). 『**나는 그 생명의 빵이라**』(요 6:48). 예수 그리스도께서는 자신을 생명의 빵이라고 말씀하셨을 때, 광야에서 이스라엘이 먹었던 만나와 대조하시면서 만나를 먹은 사람들은 죽었지만 생명의 빵을 먹는 사람은 영원히 살게 된다고 말씀하셨다.

3) 주님께서는 『**너희가 인자의 살을 먹지 않고 또 그의 피를 마시지 아니하면 너희 안에 생명이 없느니라. 내 살을 먹고 내 피를 마시는 자는 누구든지 영원한 생명을 가졌나니 내가 그를 마지막 날에 살리리라. 이는 내 살은 참된 양식이요, 내 피는 참된 음료임이라. 내 살을 먹고 내 피를 마시는 자는 내 안에 거하며 나도 그 사람 안에 거하느니라.**』(요 6:53-56)라고 하셨는데 성경의 진의를 곡해한 자들은 매주 모여 사육제를 벌이고 있는 것이다.

4) 예수님의 말씀의 진의는 57절에서 확인된다. 『**내가 아버지로 말미암아 사는 것같이 나를 먹는 그 사람 역시 나로 말미암아 살리라**』(57절). 이 말씀은 예수님께서 아버지의 살을 씹어 먹고 피를 마시고서 사신다는 의미가 아니다. 예수님께서 아버지 하나님과 함께하시는 것같이 사람들도 예수 그리스도와 함께하면 살게 된다는 의미로 하신 말씀이다. 여기서 "먹는다"는 말은 "믿는다"는 말의 동의어가 되는데, 63절에 보면 『**살리는 것은 영이니, 육은 전혀 무익하니라.**』라고 말씀하심으로써, 예수님의 문자적인 살을 씹어 먹으라고 말씀하신 것이 아님을 분명히 하셨다.

5) 예수님의 말씀을 오해한 많은 사람들이 주님을 떠나버리자 주님께서는 열두 제자에게 "**너희도 가려느냐?**"라고 물으셨는데, 이에 대한 베드로의 답변에서도 주님의 말씀의 진의가 무엇인지가 드러난다(요 6:68,69). 그것은 주님을 "**믿고**" 영생을 얻으라는 뜻이었다.

『주여, 우리가 누구에게로 가오리까? 주님께는 영생의 말씀들이 있나이다. 우리는 주께서 그 그리스도, 곧 살아 계신 하나님의 아들이심을 믿으며 또 확신하나이다』(요 6:68,69).

4. 사도행전 2:38 - 『예수 그리스도의 이름으로 침례를 받으라. 그리하면 너희가 성령의 선물을 받으리라.』

1) **사도행전 2장에서의 물침례는 이스라엘 민족이 구원받을 수 있는 조건 안에 놓이게 하는 침례였다**. 이 구절의 참뜻을 제대로 이해하지 못한 은사주의자들이나 캠벨주의자, 감독교회, 감리교, 장로교, 루터파, 로마카톨릭 등 교파들 대부분은 사도행전 2:38의 물침례가 이 시대의 구원과 관련이 있다고 착각하고 있다.

2) 사도행전 2:38의 물침례는 죄인인 "**내가**" 구원받기 위한 조건이 아니라 이스라엘 백성인 "**우리가**" 구원받는 조건이었다. 바로 앞 구절인 37절에서는 유대인들인 『**그들이 이 말을 듣고 마음에 찔림을 받아 베드로와 다른 사도들에게 말하기를 "형제 여러분, 우리가 어찌하여야 하리이까?" 라고 하니**』라고 기록하고 있기 때문이다. "**그들이**" 개인적인 구원을 받

기 위해 "<u>우리가</u>" 어찌해야 하느냐고 물은 게 아니었다. 그들은 『**이스라엘의 온 집이 분명히 알 것은, 너희가 십자가에 못박은 이 예수를 하나님께서 주와 그리스도가 되게 하신 것이라.**』(행 2:36)라고 하는 베드로의 설교를 듣고서 "<u>**그들의 마음에 찔림을 받아**</u>" 여전히 민족적인 일을 염려하면서 『**우리가 어찌하여야 하리이까?**』 하고 묻고 있었던 것이다.

3) 이에 대한 베드로의 대답에서도 우리는 그 물침례가 하나님의 구원 계획과는 무관하였다는 것을 분명히 알 수 있다. 『**베드로가 그들에게 답변하기를 "회개하라. 그리고 죄들을 사함받은 것으로 인하여 너희 각자는 예수 그리스도의 이름으로 침례를 받으라. 그리하면 너희가 성령의 선물을 받으리라**』(행 2:38). 그들은 "<u>**죄들을 사함**</u>"받은 것이었지 "<u>**죄의 구속**</u>"을 받은 게 아니었다. 그러나 예수 그리스도를 개인적인 구주로 영접하고 구원받아 그리스도인이 된 우리들은 단지 "<u>**죄들을 사함**</u>" 받은 게 아니라 그분의 피 값으로 치러진 "<u>**죄의 구속**</u>"을 받은 사람들이다(행 20:28, 골 1:14, 엡 1:7, 히 9:12).

5. 요한복음 3:5 - 『사람이 물과 성령으로 태어나지 아니하면 하나님의 나라에 들어갈 수 없느니라.』

1) 많은 사람들이 『**사람이 물과 성령으로 태어나지 아니하면**』이라는 말씀에서 물침례 구원을 성급하게 생각한다. 그러나 요한복음 3장에는 물침례와 관련된 말씀이 단 한 구절도 없다.

2) 그렇다면 "<u>**물로 태어나는 것**</u>"은 무엇이고, "<u>**성령으로 태어나는 것**</u>"은 또 무엇인가? 이에 대해 주님께서는 이어지는 6절에서 분명히 밝히셨다.

『**육신으로 난 것은 육이요, 또 성령으로 난 것은 영이니라**』(6절). 『**육신으로 난 것**』은 5절의 "**물로 태어나는**" 육신을 말하고, 『**성령으로 난 것**』은 "**성령으로 태어나는**" 영이라고 설명하신다. 이것이 다시 태어남, 곧 "**거듭남**"인 것이다.

3) 요한복음 3:5의 "**물로 태어남**"은 물침례가 아니라 생물학적인 출생을 의미한다. 유대인들은 그 누구도 "**새로**" 태어나기 위해 물침례를 받았던 적이 없다. 유대인이 받았던 침례는 거듭남과는 아무 상관도 없었다. 그들이 물침례를 받은 것은 생물학적으로 태어난 출생을 정결케 하는 것과만 관련이 있을 뿐이었다(cf. 민 8:7; 19:10,19,20, 히 9:13).

6. 야고보서 2:24 - 『사람이 행함으로써 의롭게 되는 것이요, 믿음으로만 되는 것이 아니니라.』

1) **사람이 행위로 의롭게 될 수 있다고 말씀하는 본문을 대부분의 죄인들은 선호한다**. 하나님의 의이신 예수 그리스도에 대한 미움이 그 죄인들의 마음에 늘 도사리고 있기 때문이다.

2) 구원을 위해 야고보서 2:24을 붙드는 자들은 야고보서의 수신자가 거듭난 그리스도인이 아니라, "**율법 하의 이스라엘의 열두 지파**"임을 깨닫지 못한다(약 1:1).

3) 야고보서 2:24의 문맥은 이삭을 바친 "**아브라함의 행위**"와 연관되어 있다(약 2:21-23). 말하자면 하나님의 말씀(약속)에 관한 아브라함의 믿음이 이삭을 바치는 행위로 표출된 것이다.

4) 다음 구절인 25절에 언급된 라합은 "**믿음과 행위로 구원받는 구약 시대의 인물**"이다. 창녀 라합은 행함으로 의롭게 되었는데, 정확히 말하자면 라합은 "**행함**"으로 그녀의 "**믿음**"을 표출한 것이었다. 『**이는 주 너희 하나님은 위로는 하늘에 아래로는 땅에 계신 하나님이심이라**』(수 2:11). 라합을 통해서도 믿음과 행위를 통한 구원이 강조되고 있는 것이다.

5) **야고보서의 교리적 위치는 "대환란"이다**. 대환란 때의 구원 방법은 "**믿음과 행위의 결합**"이며(계 12:17; 14:12), 이 점을 야고보서에서 다루고 있는 것이다.

6) **야고보서 2:24을 교회 시대의 그리스도인을 위해 적용하려면 영적으로 해야 한다**. 26절은 『**영이 없는 몸이 죽은 것같이 행함이 없는 믿음도 죽은 것이니라.**』라고 말씀하는데, 그리스도인은 구원받기 위해서 행하는 것도 아니요, 구원을 유지하기 위해서 행함이 필요한 것도 아니다. 다만 구원받았기 때문에 의를 행하는 것이다. 이것이 야고보서를 신약의 그리스도인들을 위해 다루는 최상의 방법이다. 의롭게 되는 것은 오직 믿음으로만 되는 것이되, 그 믿음이 정상적인 믿음이라면 그 믿음은 자연스럽게 의로운 행위를 낳게 되는 믿음이라는 것이다. 이것이 야고보서가 그리스도인들에게 제시하는 가르침이다. **야고보서의 교리는 대환란에 적용해야 성경을 정확히 해석하는 것이 된다**.

■ 새롭게 깨달았거나 적용할 내용이 있다면 적어 보세요. ■

제6과
복습문제

1. 성경은 세 가지 적용, 즉 역사적 적용, 영적 적용, (   )적 적용이 가능하다.

2. 모든 성경 구절이 신약 교회를 위한 교리로 사용될 수 있다. (O , X)

3. 『너는 내 아들이라. 오늘 내가 너를 낳았노라.』(시 2:7)라는 말씀은 초림 때의 (   ) 탄생에 관한 예언이다.

4. 『나도 너에게 말하노니, 너는 베드로라. 그리고 이 반석 위에 내가 나의 교회를 세우리니』(마 16:18)에서 반석은 (   )이다.

5. 예수님의 "살을 먹고 피를 마신다"는 것은(요 6:53-57) 주님을 (   )는 뜻이다.

6. 『예수 그리스도의 이름으로 침례를 받으라. 그리하면 너희가 성령의 선물을 받으리라.』(행 2:38)라는 말씀은 자신들의 메시아를 못 박은 (   ) 민족과 관련된 것이다.

7. 『사람이 물과 성령으로 태어나지 아니하면 하나님의 나라에 들어갈 수 없느니라.』(요 3:5)에서 "물"은 물침례를 의미한다. (O , X)

8. 『사람이 행함으로써 의롭게 되는 것이요, 믿음으로만 되는 것이 아니니라.』(약 2:24)는 교리적으로 (   ) 때의 구원에 적용된다.

9. 『네 자신과 (   )에 주의하고 이 일들을 계속하라. 이것을 행함으로써 네 자신과 네 말을 듣는 사람들을 (   )하리라』(딤전 4:16).

■ 복습 문제의 정답은 홈페이지(www.solomonbtc.org)에서 확인할 수 있습니다.

■ 새롭게 깨달았거나 적용할 내용이 있다면 적어 보세요. ■

NOTES

제7과
하나님의 경륜과 시대에 따른 언약들

『너희 귀를 기울이고 내게 와서 들으라. 그리하면 너희 혼이 살리라. 또 내가 너희와 영원한 언약을 맺으리니, 곧 다윗의 확실한 자비니라』(사 55:3).

어떻게 성경을 가르칠 것인가?

전천년주의적인 관점, 곧 "천년왕국 이전에 예수 그리스도께서 재림하신다."는 예언은 "성경의 진리를 올바로 푸는 열쇠"다. 왜냐하면 성경에 기록된 모든 예언의 최종 목적은 그리스도의 재림과 그에 따른 왕국의 실현에 있기 때문이다. 그래서 재림과 연관된 모든 사실들과 모든 진리들, 특히 모든 "예언들"을 문자적으로 해석하고 문자 그대로, 성경에 있는 그대로 실현될 것이라고 믿을 수 있는가, 그렇지 않는가는 매우 중요한 문제다. 그것을 믿을 수 있다면, 성경의 진리를 올바르게 풀 수 있고, 또 그에 따라 세상과 시대를 보는 역사관(곧 세계관)과 성도들로서 해야 할 책임과 의무를 바르게 정립할 수 있을 것이다.

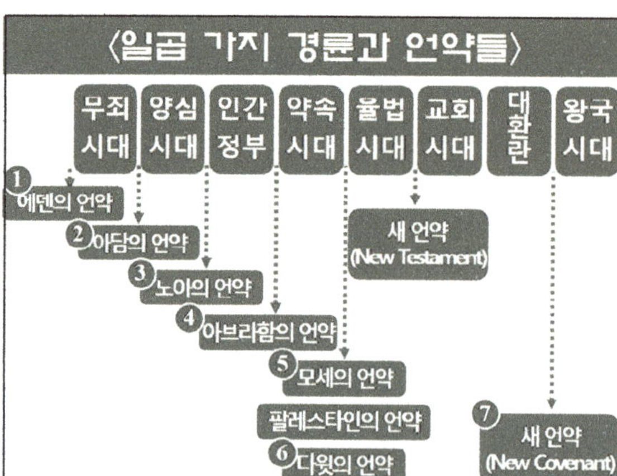

일곱 가지 언약

1. 에덴의 언약
2. 아담의 언약
3. 노아의 언약
4. 아브라함의 언약
5. 모세의 언약
6. 다윗의 언약
7. 새 언약

경륜과 언약

하나님의 말씀을 공부하는 사람은 반드시 "시대에 따른 하나님의 계획과 목적"을 알아야 한다. 그렇지 않으면 성경을 해석하는 데 있어서 혼란에 빠지게 될 것이다. 따라서 성경의 내용을 도표화시켜 연구하는 것은 필수적이다. 그러나 그러한 도표에만 의존해서는 안 된다. 건물의 전체 설계도와 세부 계획은 분리되어 있으면서도 조화를 이룬다. 마찬가지로 성경의 도표도 반드시 하나님의 말씀과 일치되어야 하며, 그렇지 않으면 오류를 초래한다. 따라서 이 두 가지는 반드시 비교해야 한다(클라렌스 라킨).

1. 경륜(Dispensation)이란 무엇인가?

➡ <u>시대 및 대상에 따라 하나님께서 세상을 경영하시는 방법을 가리킨다</u> (cf. "Dispense" - 나누다, 분배하다, 조제하다).

2. 두 개의 언약 : "Covenant" vs. "Testament"

1) <u>"Covenant"</u>

(1) 기본적으로 "쌍방 간에 이루어지는 합의 또는 계약"을 의미한다. 하지만 하나님과 사람 사이에 맺어지는 언약은 무조건적이고 일방적이며 절대적일 수밖에 없다.

(2) <u>하나님께서 이 땅에 세우시려는 왕국 및 그에 따른 경륜과 연관된</u>

언약으로서 땅과 관련되어 있고, 언약을 세울 때마다 그것은 새로운 경륜을 이끌게 된다.

2) "Testament"

(1) 기본적으로 "유언"의 개념을 갖고 있다.

(2) 유언은 흔히 죽을 사람이 하는 것이기에 죽음과 연관되어 있다. 또한 죽음은 피와 연관되어 있기 때문에, 이것은 "피로 맺은 언약"의 의미로 사용된다.

(3) "구약"(Old Testament)은 동물의 피로 맺은 언약이고, "신약"(New Testament)은 예수 그리스도의 피로 맺은 언약이다.

3. 경륜(Dispensation)과 언약(Covenant)의 관계

➡ 일곱 개의 경륜들은 언약들에 의해 영향을 받고, 각 언약들은 각각의 경륜들을 이끌고 있으니, 곧 하나님의 경륜을 바꾸는 내용들을 담고 있다.

■ 새롭게 깨달았거나 적용할 내용이 있다면 적어 보세요. ■

■ 시대에 따른 언약들 ■

A → **창 조** →

영원시대

첫 번째 창조
창 1:1

우주적 심판
창 1:2

재창조
창 1:3-2:3

알파

↓

루시퍼의 타락(겔 28:11-19)과 반역(사 14:12-15)으로 인해
하나님께서 온 우주를 물로 심판하셨음

→ **타 락** →

무죄 시대의 경륜

<에덴의 언약>
창 1:28-30
창 2:15-17

① 번성하고 땅을 다시 채우라(창 1:28)
② 땅을 정복하고 다스리라(창 1:28,29)
　ⓐ 동물들에 대한 지배권 포함
　ⓑ 음식은 식물로 한정됨(창 1:29)
　ⓒ 에덴동산을 경영함
③ 금지된 열매(창 2:15-17)
　➡ 먹는 날에 반드시 죽으리라!

↓

인간의 타락 (창 3장)

양심 시대의 경륜

<아담의 언약>
창 3:14-19

① 저주
　ⓐ 뱀 - 배로 기어 다님, 흙을 먹음
　ⓑ 여자 - 출산의 고통
　ⓒ 남자 - 노동의 고통
② 약속 : 뱀을 저주하는 가운데 주어짐
　ⓐ 메시아에 대한 약속(여자의 씨)
　ⓑ 여자의 씨와 뱀의 씨의 대결

↓

➤ 발꿈치를 부숨 : 십자가 사건
➤ 머리를 부숨 : 재림(롬 16:20)

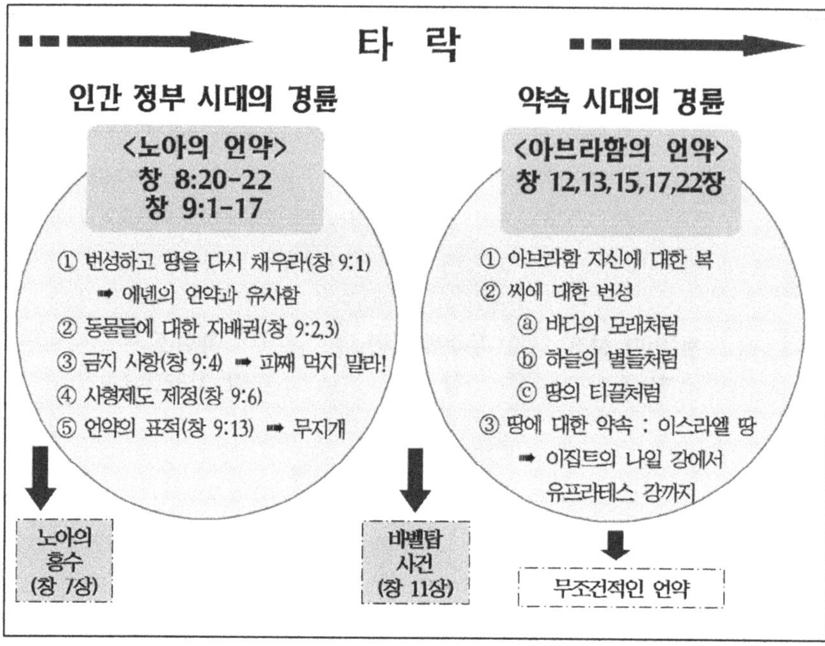
타 락
인간 정부 시대의 경륜
<노아의 언약>
창 8:20-22
창 9:1-17
① 번성하고 땅을 다시 채우라(창 9:1)
➡ 에덴의 언약과 유사함
② 동물들에 대한 지배권(창 9:2,3)
③ 금지 사항(창 9:4) ➡ 피째 먹지 말라!
④ 사형제도 제정(창 9:6)
⑤ 언약의 표적(창 9:13) ➡ 무지개
노아의 홍수 (창 7장)
바벨탑 사건 (창 11장)
약속 시대의 경륜
<아브라함의 언약>
창 12,13,15,17,22장
① 아브라함 자신에 대한 복
② 씨에 대한 번성
ⓐ 바다의 모래처럼
ⓑ 하늘의 별들처럼
ⓒ 땅의 티끌처럼
③ 땅에 대한 약속 : 이스라엘 땅
➡ 이집트의 나일 강에서
유프라테스 강까지
무조건적인 언약

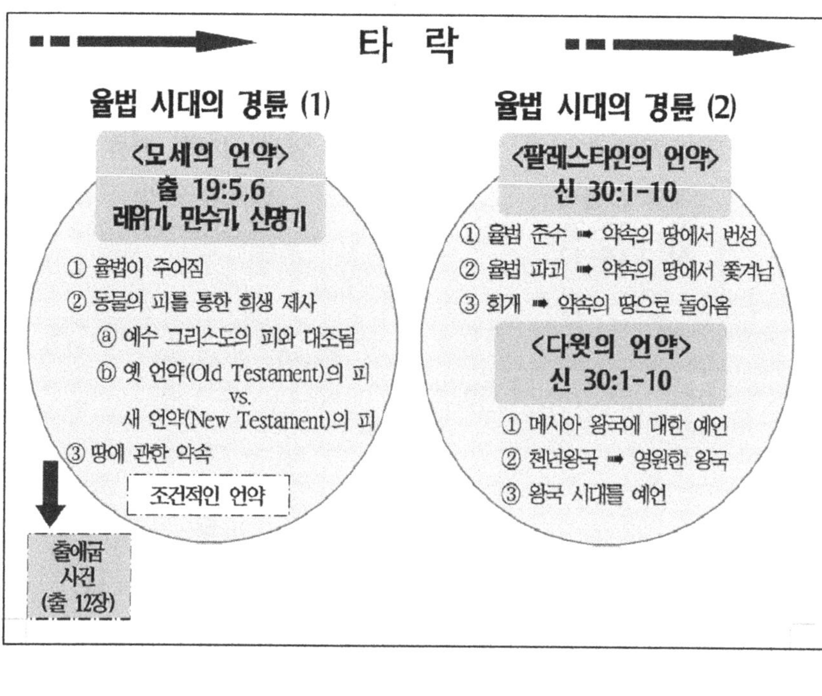
타 락
율법 시대의 경륜 (1)
<모세의 언약>
출 19:5,6
레위기, 민수기, 신명기
① 율법이 주어짐
② 동물의 피를 통한 희생 제사
ⓐ 예수 그리스도의 피와 대조됨
ⓑ 옛 언약(Old Testament)의 피
vs.
새 언약(New Testament)의 피
③ 땅에 관한 약속
조건적인 언약
출애굽 사건 (출 12장)
율법 시대의 경륜 (2)
<팔레스타인의 언약>
신 30:1-10
① 율법 준수 ➡ 약속의 땅에서 번성
② 율법 파괴 ➡ 약속의 땅에서 쫓겨남
③ 회개 ➡ 약속의 땅으로 돌아옴
<다윗의 언약>
신 30:1-10
① 메시아 왕국에 대한 예언
② 천년왕국 ➡ 영원한 왕국
③ 왕국 시대를 예언

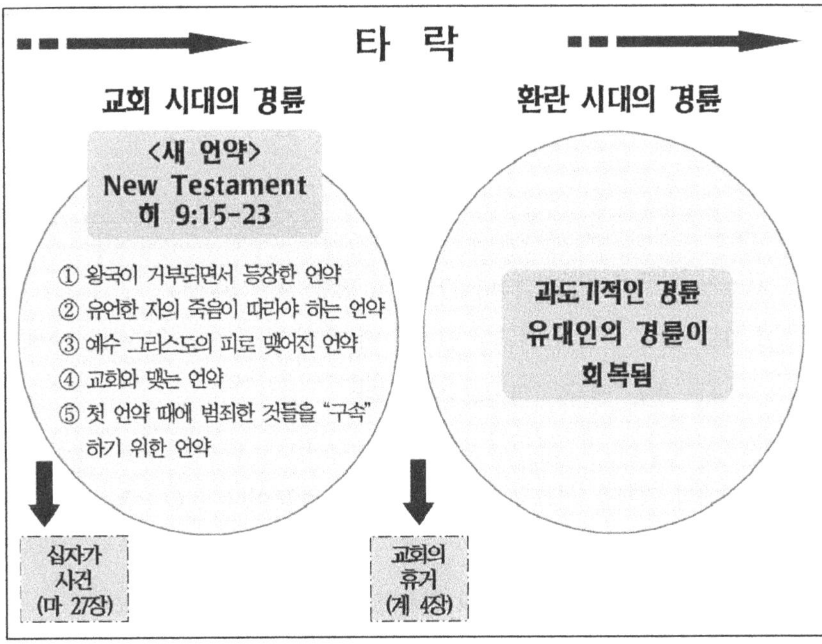
타 락
교회 시대의 경륜
<새 언약>
New Testament
히 9:15-23
① 왕국이 거부되면서 등장한 언약
② 유언한 자의 죽음이 따라야 하는 언약
③ 예수 그리스도의 피로 맺어진 언약
④ 교회와 맺는 언약
⑤ 첫 언약 때에 범죄한 것들을 "구속" 하기 위한 언약
십자가 사건 (마 27장)
교회의 휴거 (계 4장)
환란 시대의 경륜
과도기적인 경륜
유대인의 경륜이
회복됨

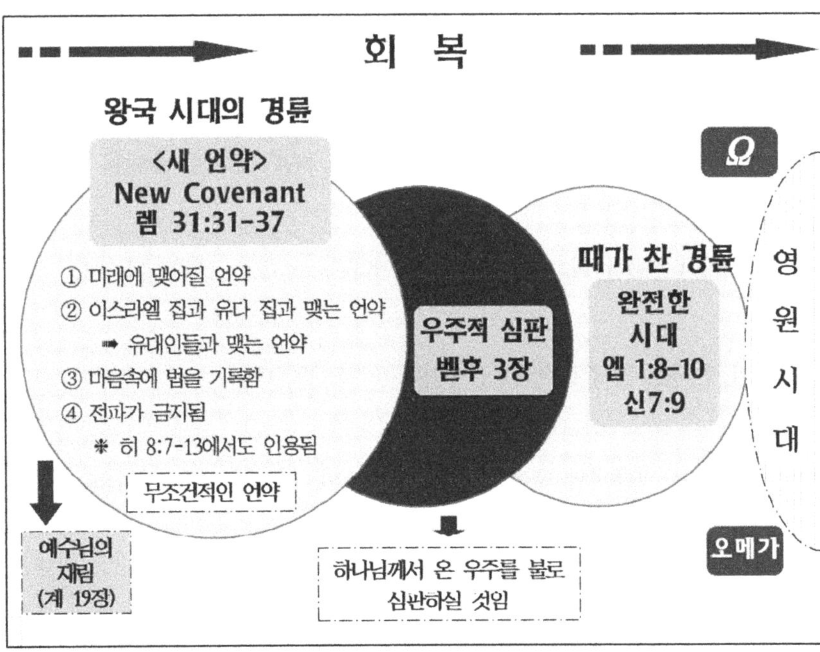
회 복
왕국 시대의 경륜
<새 언약>
New Covenant
렘 31:31-37
① 미래에 맺어질 언약
② 이스라엘 집과 유다 집과 맺는 언약
➡ 유대인들과 맺는 언약
③ 마음속에 법을 기록함
④ 전파가 금지됨
❋ 히 8:7-13에서도 인용됨
무조건적인 언약
예수님의 재림 (계 19장)
우주적 심판
벧후 3장
하나님께서 온 우주를 불로 심판하실 것임
Ω
때가 찬 경륜
완전한
시대
엡 1:8-10
신7:9
영
원
시
대
오메가

제7과
복습문제

1. "Covenant"로서의 언약은 하나님께서 이 땅에 세우시려는 (　　　　) 및 그에 따른 (　　　　)과 연관된 언약인 데 반해, "Testament"로서의 언약은 (　　　)로 맺은 언약의 의미로 사용된다.

2. 양심 시대의 경륜을 이끄는 언약은 "에덴의 언약"이다. (O , X)

3. 아브라함의 언약은 "약속 시대의 경륜"을 이끌고 있다. (O , X)

4. 우측에 제시된 내용은 어떤 언약에 대한 설명인가?
(　　　　　　　　　　)

① 율법 준수 ➠ 약속의 땅에서 번성 ② 율법 파괴 ➠ 약속의 땅에서 쫓겨남 ③ 회개 ➠ 약속의 땅으로 돌아옴

5. 교회 시대의 경륜을 이끄는 언약은 "새 언약"(New Covenant)이다. (O , X)

6. 모세의 언약은 "무조건적인" 언약이다. (O , X)

7. 왕국 시대의 경륜에서 맺어질 언약에 따르면, 여전히 복음 전파의 사명이 가장 중요한 사명으로 제시된다. (O , X)

8. 다음은 어떤 언약에 대한 설명인가? (　　　　　　　　　　　　　)

① 메시아 왕국에 대한 예언 ② 천년왕국 ➡ 영원한 왕국 ③ 왕국 시대 예언

9. 메시아에 대한 약속을 담고 있는 언약은 "노아의 언약"이다. (O , X)

10. 『너희 귀를 기울이고 내게 와서 들으라. 그리하면 너희 혼이 살리라. 또 내가 너희와 영원한 (   )을 맺으리니, 곧 (   )의 확실한 자비니라』(사 55:3).

■ 복습 문제의 정답은 홈페이지(www.solomonbtc.org)에서 확인할 수 있습니다.

■ 새롭게 깨달았거나 적용할 내용이 있다면 적어 보세요. ■

NOTES

NOTES

< 추 천 도 서 >

열린 성경 닫힌 마음

이송오 지음 / 216쪽

7,000원(eBook 4,900원)

이 책은 성경에 대해 닫혀 있는 눈과 마음을 뜨게 해 주어, 성경을 어떻게 올바로 나누어 볼지 알게 해 주며, 궁극적으로는 진리와 오류를 분별할 수 있도록 해 준다.

세대적 진리

클라렌스 라킨 지음

322쪽 / 32,000원

이 책은 세대주의 연구의 기초가 되는 책으로 클라렌스 라킨의 역작이며, 성경을 연구하는 모든 그리스도인들의 필독서이다.

어떻게 성경을 가르칠 것인가

피터 S. 럭크만 지음 / 128쪽

3,500원(eBook 2,900원)

이 책은 모든 성경 교사들이 어떻게 성경을 가르쳐야 할지 그 자세와 지침을 주는 책이다.

성경은 무엇이라고 말씀하시더냐

피터 S. 럭크만 지음 / 200쪽

7,000원(eBook 4,900원)

이 책은 성경을 올바로 나누는 것과 성경을 어떻게 읽어야 하는지를 정확히 알려 주는 책으로 특히 성경 교사들의 필독서다.

솔로몬 성경공부 시리즈

어떻게 성경을 가르칠 것인가?

초판1쇄 2021년 6월 11일
초판2쇄 2021년 8월 13일
지 은 이 / 편 집 부
발 행 인 / 이 송 오
발 행 처 / 말씀보존학회
출판등록 / 1988. 12. 12. 제16-223호
주 소 / 서울 강서우체국 사서함 제90호
전 화 / (02) 2665 - 3743
팩 스 / (02) 2665 - 3302
인 터 넷 / www.biblemaster.co.kr

값 10,000 원